Influye En La Conducta Humana

2 EN 1

Cómo manejar los conflictos, eliminar los berrinches y criar niños seguros

LETICIA CABALLERO

Copyright 2019 © Leticia Caballero

Todos los derechos reservados.

Nota legal

El siguiente documento se reproduce a continuación con el objetivo de proporcionar información lo más precisa y confiable posible.

Esta declaración se considera justa y válida tanto por el Colegio de Abogados de los Estados Unidos como por el Comité de la Asociación de Editores y es legalmente vinculante en todo Estados Unidos.

Además, la transmisión, duplicación o reproducción de cualquier parte del siguiente trabajo, incluida la información específica, se considerará un acto ilegal, independientemente de si se realiza de forma electrónica o impresa. Esto se extiende a la creación de una copia secundaria o terciaria del trabajo o una copia grabada y solo se permite con un consentimiento expreso por escrito del editor. Todos los derechos reservados.

La información en las siguientes páginas se considera en general como una descripción veraz y precisa de los hechos y, como tal, cualquier falta de atención, uso o mal uso de los datos en cuestión por parte del lector, hará que las acciones resultantes sean únicamente de su competencia. No hay escenarios en los que el editor o el autor original de este trabajo puedan ser considerados responsables de cualquier dificultad o daño que pueda ocurrirle al lector tras analizar la información aquí descrita.

Además, la información en las siguientes páginas está destinada únicamente a fines informativos y, por lo tanto, debe considerarse como universal. Como corresponde a su naturaleza, la información presentada no garantiza su validez ni su calidad provisional. Las menciones a marcas comerciales se realizan sin consentimiento por escrito y de ninguna manera puede considerarse que hay un respaldo del titular de la marca comercial.

Tabla de contenido

Libro 1:
Inteligencia Emocional

Una guía paso a paso para mejorar su coeficiente emocional, controlar sus emociones y comprender sus relaciones

Introducción

El tiempo transcurre gradualmente en un mundo lleno de violencia, injusticia y maltrato. Las personas se encuentran enfrentadas ante una realidad misteriosa y enigmática. En donde las actitudes de la mayoría de los individuos es ruin y déspota, primordiando el pasar por sobre los demás, sin importar las consecuencias. En el mundo existe todo tipo de personas, encontrándonos con diversidad de personalidades, encontramos a individuos con temperamentos fuertes, vengativos, tercos, mientras que existen personas más frágiles, un poco emocionales, intuitivos, pacíficos y demás personalidades orientadas al positivismo. Es en esta parte donde aparece la influencia de las emociones en la forma de ser de las personas del mundo.

En este libro abordaremos la verdad acerca de la inteligencia emocional, sus diferentes definiciones de acuerdo a la perspectiva en que se determine, también descubriremos qué son en realidad las emociones y cuáles de estas tipos existen en el mundo. Asimismo exploraremos las opiniones de muchos autores, especialistas y psicólogos sobre el comportamiento humano y su relación con la inteligencia emocional, además de esto indagaremos acerca de cómo manejar las emociones, hasta el punto de tomar el control en las situaciones que se nos presenten en la vida diaria. Veremos también la forma de perfeccionar y entrenar nuestras habilidades sociales, emocionales e intelectuales de acuerdo con la IE.

El conocimiento se encuentra a la merced del hombre, inculcando el aprendizaje a través de la lectura, por ello hemos desarrollado en este libro una serie de pautas para fortalecer la inteligencia emocional. Encontraremos la verdadera importancia y el valor de este tipo de inteligencia. Pasaremos a explicar algunos modelos, teniendo en cuenta las investigaciones expuestas por Goleman, Salovey y Mayer. De igual forma mediremos nuestro nivel emocional a través de una prueba o test de inteligencia emocional.

Este libro es una guía orientada al fortalecimiento de las habilidades internas de cada individuo, con el fin de fomentar la inteligencia emocional, sin apartar la cognitiva, por ello estableceremos las diferencias entre estas dos inteligencias; mostraremos algunos pasos para desarrollar la IE en respuesta a las malas actitudes de los demás. Entrelazaremos las habilidades junto a las emociones, de las cuales sale a flote el desarrollo de habilidades emocionales, cuyo objetivo es la reflexión y la puesta en marcha de acciones que nos infunden tranquilidad en nuestra mente y corazón.

Veremos cuán importantes son las capacidades de automotivación, empatía, conciencia, control de emociones y comunicación asertiva. El eje de estas destrezas se encuentran en la voluntad que desarrollaremos después de aprender acerca de la inteligencia emocional. Profundizaremos sobre la inteligencia en el trabajo, tanto para empleados y empleadores, surgiendo así muchos consejos prácticos a la hora de enfrentarnos con el ambiente laboral. Igualmente desarrollaremos pautas necesarias para la familia y cómo padres, hijos y demás familiares pueden aprovechar esta importante inteligencia para mantener una exitosa relación familiar. Por eso, encontraremos en este libro muchos casos de la vida real, de esta forma aprenderemos cómo no debemos actuar.

Abordaremos en el contenido temas sobre cómo dejar de prestarle atención a los malos comentarios y también al apego emocional, descubriremos todos los secretos que esconde la inteligencia emocional, descifraremos lo que ocultan los líderes exitosos y cómo hacen para analizar, ayudar e incluso enseñar de forma positiva a los demás.

Inteligencia emocional es un libro que cautiva con sus páginas, llevándonos al entendimiento concreto de la inteligencia emocional, de esta forma podemos alcanzar el éxito en el trabajo, mejorando nuestra productividad; en las relaciones personales, aumentando la interacción positiva con nuestros familiares, vecinos y compañeros de trabajo. El objetivo primordial es hacer a un individuo capaz de perfeccionar su inteligencia tanto emocional como cognitiva. ¡Es hora de descubrir todos los secretos! ¡Preparémonos para cambiar nuestra vida!

Capítulo Uno: ¿Qué es la inteligencia emocional?

Las emociones

Los seres humanos y el resto de los seres vivos nos encontramos en un mundo de constantes cambios, en el que podemos percibir olores, sabores, texturas y colores, gracias a nuestros sentidos. Son precisamente nuestros sentidos los que también nos permiten experimentar un sinnúmero de emociones, como el amor, la tristeza, la angustia o miedo, etcétera. Es prácticamente imposible que no estemos expuestos a algún tipo de emoción ante las situaciones que nos rodean y a los hechos que nos suceden día a día. Si bien, prácticamente todos los seres humanos (a excepción de aquellos que padecen algún daño en una estructura anatómica relacionada con las emociones) tenemos emociones, no quiere decir que todos expresaremos la misma emoción en una situación específica.

Por ejemplo, usted es una persona que hace un año no ve a su tía y de pronto, ella aparece en el vestíbulo de su casa, entonces, es posible que al verla usted externe felicidad por todo el tiempo que no la ha visto, o bien, angustia por esa visita inesperada en la que no sabe qué decir o que ofrecerle para que ella esté a gusto. En todo caso, también puede llegar a sentir indiferencia, ya que no es un familiar cercano. En este sentido, el tipo de emoción que experimentamos y la forma en la cual la canalizamos, nos permitirá enfrentar la situación de una manera oportuna, si es que mostramos al menos una sonrisa, o no acertado si demostramos apatía. Este ejemplo, sin duda, nos permite comprender el resultado que podemos obtener si canalizamos nuestras emociones de manera adecuada, pero, ¿qué son las emociones?

Muchos investigadores y especialistas en el área se han dado a la tarea de investigar al respecto, sin embargo, no existe una definición exacta de lo que significa el término "emoción", debido a la complejidad de lo que este representa. En su lugar, existe una gran variedad de definiciones que pretenden explicar y delinear un concepto. Como lo mencionan Wenger y Jones (1962): "Casi todo el mundo piensa que sabe qué es una emoción hasta que intenta definirla. En ese momento prácticamente nadie afirma poder entenderla".

Chóliz (2005), expresa: "Es claramente entendible el porqué es difícil definir el concepto de emoción, ya que engloba una experiencia multidimensional, es decir, que contiene elementos de carácter subjetivo, conductual y fisiológico". Aunque estos elementos se encuentran presentes en las emociones, su proporción e importancia en cada una de ellas suele variar dependiendo de la situación de la que se trate y de la persona que la experimenta. Es así como las emociones pueden variar en cualidad e intensidad debido a todo el aparato conductual, fisiológico y psicológico que se encuentra involucrado.

Además el autor anterior sugiere: "Existen diferentes teorías desde las cuales se pueden analizar las emociones, una de ellas es la Teoría tridimensional del sentimiento de Wundt, la cual aborda las emociones desde tres dimensiones: excitación-calma, agrado-desagrado y tensión relajación". A partir de esta teoría se derivan otras corrientes que aceptan algunas dimensiones y exceptuan otras. De todas las dimensiones la más aceptada es la del agrado-desagrado.

Es partir de la dimensión de agrado-desagrado que surge el siguiente concepto el cual define a las emociones como " una experiencia afectiva en cierta medida agradable o desagradable que supone una cualidad fenomenológica característica y que compromete tres sistemas de respuesta: cognitivo-subjetivo, conductual-expresivo y fisiológico-adaptativo. (Chóliz-2005).

Otras definiciones importantes acerca de las emociones es expresado por algunos autores:

Las emociones también se distinguen en primarias y secundarias. Mientras que las emociones primarias tienen una raíz fisiológica, las emociones secundarias pueden depender mayormente del contexto social. Es así que entre las emociones primarias podemos encontrar el miedo, la ira, la depresión o la satisfacción, mientras que en las secundarias la vergüenza, la nostalgia y el amor. (Bericat, 2012).

Como se puede apreciar, independientemente del tipo de emoción de la que se trate, ya sea primaria o secundaria, las emociones pueden ser agradables o desagradables.

Normalmente sentimos una emoción agradable cuando un acontecimiento positivo sucede en nuestras vidas, es decir, algo que nos proporcionará un beneficio. Un ejemplo de emoción agradable es la alegría que siente un niño al sacar una nota alta en el colegio, o aquella que siente un padre después de no haber visto a su familia durante diez largos años. En estos casos la alegría se manifestará como una sensación de regocijo, cuyo resultado será para el caso del niño el reconocimiento escolar y posiblemente algún premio por parte de sus padres, mientras que en el caso del padre que se reencontró con su familia, el beneficio será el poder disfrutar de la compañía de sus seres queridos después de tantos años sin verlos.

Sin lugar a dudas, el hecho de vernos rodeados de emociones agradables nos hace creer que el mundo vale la pena y que es preciso perseverar para conseguir nuestros mayores anhelos. Sin embargo, no todo es color de rosa, así como existen las emociones agradables, también se encuentran las emociones desagradables, las cuales en el momento no nos ofrecen un resultado favorable ante la situación que estamos viviendo. Entre las emociones desagradables se encuentran la ira, la tristeza o el miedo, por mencionar algunas.

En el caso de la ira, esta se manifiesta a través de una sensación de irritabilidad que se genera porque algún evento o hecho no sucedió a nuestro favor o como nosotros hubiésemos querido. Un ejemplo de alguna situación que puede desencadenar ira, es que las principales avenidas viales estén obstaculizadas por una marcha civil, justo a la hora en la que normalmente transitamos por ahí para ir a nuestro trabajo. Probablemente no habría problema o quizá la dificultad sería menor si el día fuera otro. No obstante, sucede que justo la hora y el día de la marcha tenemos que dar el informe de ventas anuales a los directivos de la empresa para la que trabajamos. ¿Qué sucede en este caso?, pues bien, tenemos como opción llegar antes que nuestros jefes y explicarles lo sucedido, sin embargo, para ellos esta explicación puede ser vista como una excusa a nuestra impuntualidad, lo que nos restaría puntos para un próximo ascenso. Toda esta situación produce irritabilidad, enojo y estrés ante un conflicto, cuya solución inmediata y favorable parece escaparse de las manos, dejándonos incluso una sensación de frustración.

Como esta situación hay muchas más que nos pueden producir ira y consecuentemente descontento. Otra emoción desagradable bastante común y que realmente pone a prueba el aparato conductual, psicológico y fisiológico del ser humano es el miedo. Esta emoción es quizás una de las más desagradables y se presenta cuando el sujeto se encuentra en una situación de peligro, muchas veces real, aunque también puede ser imaginaria. Por ejemplo, están las personas que tienen miedo extremo a las arañas y sin razón aparente deciden abstenerse de determinadas actividades y lugares para evitar entrar en contacto con ellas. El solo ver a estos arácnidos acelera la respiración y el pulso del fóbico, incrementando también la sudoración. El miedo a las arañas constituye por lo tanto, un miedo irracional que no se fundamenta en un peligro verdadero, sino más bien, en un trasfondo psicológico.

Por otro lado, está el miedo ante el peligro real. ¿A qué tipo de miedo nos referimos? Nos referimos al miedo racional que sentimos cuando nos encontramos en situaciones que nos hacen realmente vulnerables. Por ejemplo, cuando un individuo se encuentra de frente con un león en la selva, se produce el miedo racional debido a la situación riesgosa que está viviendo el sujeto y a la peligrosidad del animal que está frente a él. En ese momento de temor y angustia, se desencadenan una serie de eventos como la huida, cuya finalidad es proteger la vida del individuo en cuestión.

Independientemente de que las emociones sean agradables o no, tienen tres principales funciones: adaptativa, social y motivacional. Adaptativa porque preparan al organismo para ejecutar una conducta ante una situación específica; social, ya que permiten la interacción con los demás y motivacional debido a que intensifican la respuesta emocional.

La Inteligencia emocional

Luis va a la escuela preparatoria y tiene un muy buen promedio en prácticamente todas sus asignaturas, sobre todo en matemáticas, por lo que sus compañeros lo consideran el más inteligente del grupo. Sus profesores también dicen lo mismo y añaden que los más inteligentes son aquellos alumnos que obtienen mejores calificaciones. En antaño este era el concepto que solía tenerse acerca de la inteligencia, la cual normalmente se vinculaba a las notas altas. Hoy día se sabe que no es así y que existen otros parámetros para juzgar la inteligencia de un individuo.

A lo largo de la historia se han identificado distintas definiciones de inteligencia. Una de las acepciones más aceptadas para definirla refiere que la inteligencia es la capacidad de un individuo para resolver problemas nuevos y para adaptarse al ambiente. (Ardila, 2011).

La definición de Binet menciona que la inteligencia se relaciona a cualidades tales como la memoria, la percepción y el intelecto. En el caso de Thurstone la inteligencia tiene que ver con un conjunto de aptitudes mentales entre las que se encuentran: la comprensión verbal, la velocidad mental, la memoria y la lógica.

Uno de los pioneros en el campo de la inteligencia fue Alfred Binet, un psicólogo francés al que se le atribuyen los primeros estudios acerca de la inteligencia, él creó una escala que mide la capacidad cognitiva y de inteligencia de los individuos, la cual es conocida como Escala de Inteligencia Stanford-Binet, que puede detectar deficiencias en el desarrollo intelectual de los niños. La escala permitió correlacionar los datos obtenidos en las pruebas con el éxito escolar de los alumnos, debido a que dependiendo de la pruebas, éstas pueden ser resueltas por niños de distintas edades. (Ardila, 2011).

Es así que esta prueba permite establecer la diferencia entre la edad mental y la edad cronológica. Para Robert Sternberg, otro especialista en el campo de la inteligencia, esta radica en las habilidades creativas, analíticas y prácticas de un individuo. Dicha concepción lo llevó a proponer el Test de Habilidades Triádicas de Sternberg, que considera un enfoque psicométrico; mediante preguntas que contienen elementos verbales, numéricos y figurativos.

Precisamente, debido a la puntuación que puede obtenerse en las pruebas clásicas de inteligencia, es que se cree que este concepto puede medirse. En 1912, William Stern propuso el término Cociente Intelectual (CI), para definir el puntaje obtenido de la edad mental (la capacidad intelectual de una persona, la cual se puede obtener mediante pruebas estandarizadas para cada nivel de edad) dividida entre la edad cronológica (en meses) y multiplicado por 100, de tal forma que se obtiene un número entero.

CI = (Edad mental/Edad cronológica) x 100

Ardila afirma: "Un CI de 100 y las variaciones de 15 puntos, 100 ± 15, es decir, entre 85 y 115 son considerados como normales . Los puntajes debajo de 85 o bien, arriba de 115 se consideran como subnormal y supranormal, respectivamente". En una categorización más amplia, un puntaje de 130 o más implicaría que el individuo es un genio, mientras que de 20-25 o menos se catalogaría como retardo mental profundo.

Si bien, las pruebas tradicionales de inteligencia han sido valiosas durante la labor escolar, así como en el tratamiento de diversos padecimientos, tales como el déficit cognitivo etiquetan estrictamente a las personas en inteligentes o no inteligentes solo midiendo las habilidades lógica-matemáticas y verbales, sin considerar otros aspectos importantes, tales como las relaciones interpersonales, la creatividad y la motricidad, las cuales son sumamente importantes para apreciar realmente la inteligencia de un individuo.

Es posible observar esta circunscripción de inteligencia en alumnos que tienen bajas notas en materias como matemáticas. Por ejemplo, si un alumno obtiene una puntuación de 5 en esta asignatura y 10 es lingüística, muchos dirán que no es inteligente, pero si tenemos una visión más amplia, podemos ver que el alumno sí es inteligente en linguïstica, es decir, que posee una inteligencia en esa área, la cual puede ser potencializada para obtener mejores resultados. La detección de nuestras fortalezas permitirá y facilitará que encaucemos nuestros esfuerzos hacia ellas.

A diferencia de la pruebas tradicionales orientadas a medir la inteligencia como equivalente de la capacidad cognitiva, en 1983 surge la Teoría de las Inteligencias Múltiples, de Howard Gardner, que considera la existencia de diferentes tipos de inteligencias, la cuales son: lógico-matemática, lingüística, musical, espacial, intrapersonal, interpersonal o social y corporal-cinestésica. Años más tarde, Gardner también añadiría al grupo las inteligencias naturalista y existencial. Sin duda, la Teoría de las Inteligencias Múltiples constituye un nuevo enfoque que abre el horizonte del significado de inteligencia hacia una definición más amplia, del cual no limita a la capacidad cognitiva, destacando la baja necesidad de que un individuo tenga inteligencia en lógica-matemática o en cualquier otro tipo para poseer inteligencia social.

De las inteligencias propuestas por Gardner hay dos que destacan, la inteligencia intrapersonal e interpersonal, mientras que la primera se refiere al conocimiento de uno mismo y a cómo controlamos nuestras emociones, la segunda alude a cómo utilizamos nuestras emociones para interactuar con los demás. Estos términos han ido evolucionando poco a poco para dar lugar a lo que hoy se conoce como inteligencia emocional, término extendido por Daniel J. Goleman, pero cuyo origen se remonta a hace casi 30 años con Peter Salovery y John Mayer.

Salovery y Mayer concibieron a la inteligencia emocional como: "la habilidad para percibir con precisión, valorar y expresar emociones, acceder y/o generar sentimientos cuando facilitan el pensamiento, también a la habilidad para entender la emoción y el conocimiento emocional y la habilidad para regular emociones que promuevan el crecimiento emocional e intelectual", es decir, a la capacidad de conocer nuestras emociones y a cómo las empleamos en el medio que nos rodea, en diferentes aspectos de la vida, tales como la familia, los amigos, el trabajo, etcétera.

En la definición de inteligencia emocional de Salovery y Mayer destacan cinco capacidades de la inteligencia emocional, las cuales son: a) establecer relaciones sociales o interpersonales, de tal forma que cultivemos relaciones fructíferas, resolviendo los conflictos con nuestros semejantes de la mejor forma, b) la empatía, que tiene que ver con ponernos en el lugar de los otros, comprendiendo y detectando sus necesidades, c) reconocer nuestras propias emociones, es decir, reconocer cuando sentimos tristeza, alegría o ira, d) saber cómo controlar dichas emociones, e) auxiliarnos de cualidades como la motivación y la perseverancia para poder salir adelante ante los fracasos y las adversidades de la vida, teniendo certeza de los logros que podemos alcanzar. (Dueñas, 2002).

Tan solo unos años después de las teorías propuestas por Gardner y por Salovery y Mayer, Daniel J. Goleman retoma en 1995, el concepto de la Inteligencia Emocional y lo redefine: "una meta-habilidad que determina el grado de destreza que podemos conseguir en el dominio de nuestras otras facultades", concibiéndolo como el elemento más importante para alcanzar el éxito laboral y personal, incluso más valioso que el coeficiente intelectual, el cual en el pasado era el único parámetro que se juzgaba para medir la inteligencia. Hoy día la inteligencia emocional es más importante que el coeficiente intelectual, pero ¿a qué se debe esto?

Es sencillo comprender lo anterior con el siguiente ejemplo, usted es una persona que se acaba de graduar de la Universidad y toda su vida académica ha tenido un promedio de excelencia, siempre ha recibido reconocimientos en la escuela y sus profesores continuamente lo exaltaban como uno de los mejores estudiantes. Sin embargo, usted también es una persona tímida y cohibida, con poca iniciativa y ha llegado la hora de buscar un empleo. Resuelve que buscará trabajo en una gran compañía que vende productos tecnológicos, desafortunadamente las altas notas escolares no son suficientes para conseguirlo, ya que en el puesto que usted solicita requieren experiencia y a una persona sociable para vender a los clientes los productos de interés. ¿Qué hace en este caso?

Es indudable que deberíamos desarrollar las habilidades intrapersonales e interpersonales para conseguir el empleo. Quizás al inicio de la vida laboral, los requerimientos de ser sociable y determinado pueden desalentarnos, pero debemos saber que es necesario desarrollar estas aptitudes, ya que sin ellas nuestro camino laboral puede llegar a ser bastante incierto. En el trayecto nos encontraremos compitiendo con otros colegas, que si bien no fueron lo suficientemente avispados en la escuela, sí poseen las habilidades sociales necesarias para adaptarse a la vida laboral, particularmente al trabajo en el que está interesados y si no reaccionamos a tiempo, haciendo uso de la inteligencia emocional, sencillamente no triunfaremos ni tendremos éxito en el plano laboral y probablemente tampoco en el personal.

Otro ejemplo de cómo la falta de control de nuestras emociones puede afectarnos, es cuando tenemos discusiones con nuestra esposa ,antes de ir a la jornada laboral, por lo que nos sentimos irritables, sin embargo, no podemos eliminar esta emoción tan fácilmente, por lo que al llegar al trabajo nos sentimos iracundos y molestos. Ese día debemos atender a unos clientes que están interesados en nuestros servicios de consultoría, pero el mal humor nos impide atenderlos adecuadamente y no logramos convencer a los clientes de que adquieran el servicio que la compañía les ofrece, incluso logramos advertir que los clientes se van con un sinsabor. El resultado de esta infortunada reunión es que pierde la posibilidad de que los clientes adquieran el servicio y el porcentaje de bonos que recibimos con la negociación, sin contar que hemos perdido parte de la credibilidad y carácter profesional ante los clientes y quizás también ante los jefes. En estos casos queda expuesto la importancia de la inteligencia emocional y el por qué el cociente intelectual no es suficiente para triunfar en la vida.

Daniel Goleman explica que la inteligencia emocional es una herramienta que nos permite relacionarnos con los demás, así como controlar nuestros impulsos, al mismo tiempo que engloba habilidades tales como, la autoconciencia, la empatía y la motivación, entre otras. Asimismo, Goleman menciona que para la adaptación social son necesarios ciertos rasgos de carácter como la compasión y la autodisciplina. Una de la características principales de la Teoría de Goleman es que esta puede aplicarse perfectamente al entorno empresarial, pronosticando incluso el éxito o fracaso en la vida laboral.

La inteligencia emocional también ha sido denominada como cociente emocional (EQ, por sus siglas en inglés), el cual se conceptualiza como la capacidad de comprender, usar y manejar nuestras propias emociones de forma positiva para atenuar el estrés, un mal que aqueja severamente a prácticamente todos los sectores de la sociedad. La inteligencia emocional coayuda a la comunicación efectiva, así como a empatizar construyendo relaciones sólidas con el resto de la gente, también contribuye a la resolución de conflictos, haciendo posible que tengamos éxito tanto en la escuela como en el trabajo, alcanzando así nuestros objetivos personales y laborales.

¿Cómo manejar las emociones?

Las emociones son parte de nuestra vida, no podemos suprimirlas y mucho menos ir en contra de estas, puesto que la propia naturaleza nos ha formado como seres capaces de sentir, ya sea felicidad, compasión, tristeza, amargura, y demás emociones. La clave para hallar la respuesta sobre el manejo de las emociones la podemos encontrar analizando cada aspecto interno, en donde la esencia o el verdadero ser se esconde para no ser captado, pocos son capaces de encontrarse asi mismos.

Es importante que aprendamos a conocernos a nosotros mismos, pues sólo de esta manera podemos saber lo que pensamos y lo que sentimos. El conocer nuestras emociones nos permitirá saber cómo reaccionamos ante las distintas situaciones que se nos presentan, de tal forma, que la siguiente vez podamos actuar de manera acertada y efectiva. Indudablemente, la autoconciencia y el autoconocimiento de lo que somos nos permiten gestionar de una mejor forma nuestras vidas. Por ejemplo, suponga que usted es una persona que está por graduarse de la universidad y ha sido elegido por todos sus compañeros para dar el discurso de fin de grado de su generación. Si bien usted accede, al momento de dar el discurso nota que el hecho de estar frente el público lo inhibe y bloquea su mente, lo cual no le permite formular de manera fluida su discurso, por lo tanto, este no resulta tan elocuente, ni tiene el impacto que esperaba ante los espectadores. Es hasta este momento en que usted se ha dado cuenta de que sufre cierto temor escénico.

Seguramente, si usted hubiera advertido antes que al pararse ante un auditorio le producía temor, hubiese practicado más, quizá hubiese realizado varios ensayos del discurso semanas antes del evento frente a sus compañeros, o hubiese buscado técnicas de relajación que le permitieran combatir el estrés en un suceso de tal magnitud. Sin embargo, la falta de conocimiento de sus emociones hizo que no las gestionara adecuadamente y en el momento exacto, lo que impactó en su discurso haciéndolo tedioso y poco comprensible. Si bien, gracias a este suceso ahora reconoce su miedo al escenario, este también lo ha marcado, afectando su confianza para hablar en público. Es así como la falta de autoconocimiento provoca que nuestras acciones sigan hacia una dirección errada, lo que nos lleva a reflexionar sobre qué tan diferente hubiera sido si estuviéramos preparados para una situación como aquella, donde contaremos con las herramientas disponibles que nos permitieran reaccionar a tiempo.

Entrenar y perfeccionar tus habilidades emocionales

Aunque todos experimentamos emociones, en muchas personas suelen prevalecer las emociones negativas sobre las positivas, o bien, no suelen externar las emociones correctas en las situaciones adecuadas, lo que no les permite que desarrollen habilidades que las pueden llevar al éxito. Para todos aquellos que no han tenido éxito en la vida debido a la carencia de inteligencia emocional, es preciso decir que esta puede construirse. A diferencia del coeficiente emocional, que como se mencionó anteriormente, depende en gran medida del factor hereditario, todos podemos desarrollar nuestra inteligencia emocional conforme al nivel de conocimiento que tengamos de nosotros mismos y a la motivación para alcanzar el éxito. Sin estos componentes es prácticamente imposible que podamos alcanzar un buen nivel de inteligencia emocional.

Si bien, no es una receta que funcione por igual para todos, los ingredientes que se hallan inmersos en ella son los mismos. La cantidad de cada uno dependerá en mayor o menor grado de nuestras necesidades y objetivos. Para el desarrollo de la inteligencia emocional será fundamental: la autoconciencia, el autoconocimiento, la regulación de nuestras emociones, la automotivación, la empatía y las habilidades sociales. En la medida que que alcancemos la destreza en cada una de estas competencias, estaremos contribuyendo a incrementar y reforzar nuestra inteligencia emocional.

El entrenamiento necesario para desarrollar nuestras habilidades consistirá en lo siguiente:

Tener conciencia o autoconciencia de uno mismo. Para entrenar esta competencia es necesario que estemos conscientes de quiénes somos y lo que hacemos, es decir, que tengamos pleno conocimiento de nuestras sentimientos, nuestras emociones y nuestros conocimientos y, de cómo estos a través de nuestras acciones nos afectan e impactan en el medio en el cual nos desenvolvemos y en el que interactuamos con los demás. La autoconciencia la podemos desarrollar día tras día mediante una serie de actos tales, como la reflexión sobre los sucesos cotidianos que vivimos todos los días, o sobre alguna experiencia en particular que nos haya sucedido.

Es importante el tiempo que nos dedicamos a nosotros mismos ya que esto nos permite estar conscientes de nuestras emociones, de lo que nos disgusta o nos agrada, de lo que somos o queremos ser a largo plazo, es allí en dónde radica la verdadera razón de aprender acerca de la inteligencia emocional, a ese motivo de llegar a ser mejores personas, a cultivar en nuestros familiares la verdadera razón de la existencia, también a impregnar el amor hacia las cosas más bonitas de la vida. Si queremos mejorar el mundo debemos empezar por nosotros mismos, cultivar las semillas de la inteligencia emocional, a través del perfeccionamiento de las habilidades.

En el siguiente capítulo veremos todo acerca de la importancia que tiene cultivar la inteligencia emocional y todos los aspectos a tener en cuenta.

¡Sigamos aprendiendo acerca de la inteligencia emocional!

Capítulo Dos:
La importancia de cultivar la inteligencia emocional

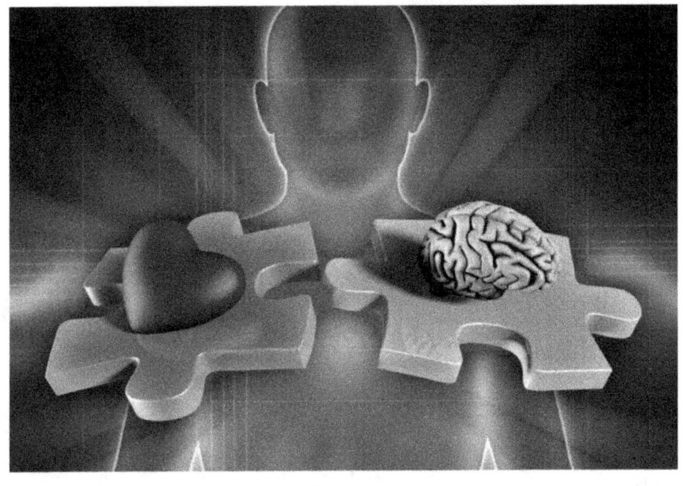

A medida que transcurre el tiempo, nuestra propia personalidad va adquiriendo forma, empezamos de ser un pequeño bebé con ganas de descubrir el mundo, pensando solo en nuestra madre y padre, siguiendo con la adolescencia en donde las hormonas comienzan a divagar y las emociones son cada vez más irritantes, para terminar siendo adultos, con responsabilidades y una vida llanamente laboral.

Las emociones son una pieza clave para encontrar y entender el comportamiento humano y toda las repercusiones que esto conlleva. Comprender cada aspecto de la vida emocional puede llevarnos en el camino correcto para hallar la raíz de algunos problemas. Por eso, en este capítulo abordaremos la importancia de cultivar la inteligencia emocional, sus modelos, pruebas de la inteligencia emocional, incluyendo las diferencias entre inteligencia emocional y cognitiva y cómo cultivar esta misma. Estos puntos son claves para comprender cuan importante es la inteligencia emocional en todos los aspectos de la vida y su conexión con las decisiones que un individuo puede tener en cualquier situación.

La inteligencia emocional es de suma importancia para la vida diaria. En primer lugar, nos ayuda a mejorar nuestras relaciones interpersonales, para entender esto veamos un ejemplo: el señor X está trabajando en una empresa, todos los días se sienta en su escritorio, pero en este caso su escritorio no se encuentra ordenado y limpio como los demás, la empleada de aseo no arregló su oficina. El señor X está muy enojado y se dirige hacia el departamento de limpieza y empieza a gritarle. ¿Fue la mejor opción? Pues, el jefe manda a llamar a los dos por el incidente, la empleada doméstica le explica primero que la acaban de llamar por el fallecimiento de un familiar y que después continuaría con su labor. El jefe entiende la situación y suspende al señor X por su actitud.

El anterior ejemplo demuestra, que usar la inteligencia emocional nos ayuda a mantener de forma positiva las relaciones interpersonales con nuestros semejantes, ya sea amigos, compañeros de trabajo, jefes y demás. El ser humano es sociable por naturaleza, siempre busca un equilibrio entre la vida social y su camino hacia el progreso. Cuidar nuestras relaciones interpersonales nos protegen de malas situaciones, de peligros como la violencia, y el odio dañino.

En segundo lugar, la inteligencia emocional permite conocernos a fondo. Cuando el ser humano llega a conocer sus defectos y cualidades tiene la oportunidad de evitar situaciones incómodas, tanto es el poder que tendrá sobre sus acciones que indiscutiblemente intentará todo lo posible para controlar sus emociones. De esta forma el individuo podrá moldear su psiquis emocional y transformarlo en un aspecto totalmente positivo e intuitivo.Muchos autores expresan las ventajas de conocernos a nosotros mismos:

No obstante, conocernos a nosotros mismos también nos permitirá tomar mejores decisiones, ya sea en el trabajo, en nuestras relaciones o en cualquier otro ámbito. Esto nos generará felicidad, pues no tener miedo a tomar decisiones y tomarlas con seguridad es una sensación maravillosa. Con todo esto, nuestras relaciones mejoran, nosotros también mejoramos y aumentamos nuestro autocono-cimiento. (Raquel Lemos, 2019)

En tercer lugar, la inteligencia emocional nos ayuda a luchar contra el estrés diario, es común sentir fastidio a través del estrés, sin embargo, esto nos alivia para no caer en sentimientos negativos y mucho menos de crear una bomba en nuestro interior listo para explotar con cualquier motivo. Es allí en donde la inteligencia emocional actúa en nuestro bienestar, erradicando completamente el fatídico estrés.

Por último, una gran ventaja que sin duda tendremos con la inteligencia emocional, es en nuestro espacio laboral. Este ámbito se verá potenciado, al mantener el alma y la mente serena, automáticamente la productividad aumenta y las ganas por hacer las cosas crece considerablemente. El rendimiento laboral sube con nuestras emociones sanas, si tenemos una mala actitud, nuestro cuerpo reflejará tal afecto y hará que la gente se aleje lentamente, y si el individuo se deja llevar, puede transformar alguna situación en una tormenta fatal. Muchos asesores comerciales y personas dedicadas a la atención del cliente, siempre deben mantener una excelente actitud, irradiar seguridad y comprender las actitudes de los demás.

Estos usualmente manejan la inteligencia emocional a su favor, hay que recordar que existen clientes sensatos y otros no. Al mantener a disposición el control de las emociones hará que el individuo se vea profesional y podrá manejar la situación con el mejor optimismo posible. Por lo tanto, la eficiencia y la productividad se verán reflejados en la parte laboral. Muchas personas percibirán nuestras acciones positivas y sensatas, y harán todo lo posible por seguir la senda de la inteligencia emocional.

Modelos de inteligencia emocional

A medida que ha transcurrido el tiempo y con las nuevas investigaciones realizadas en los últimos tiempos, se ha dividido en muchos modelos la inteligencia emocional, entre estas podemos encontrar tres grandes grupos: los modelos mixtos, modelos de habilidades y otros modelos que complementan a ambos.

Modelos mixtos: Se centran en la personalidad del ser, incluyendo aspectos en forma de valores positivas, como la tolerancia, el control, la motivación, la confianza, la destreza y el manejo de la ansiedad. De este modelo se distingue varios subgrupos, entre ellos podemos encontrar:

Modelo de Goleman: Este modelo sugiere la relación inequívoca de la conciencia emocional y la intelectual, complementándose ambas para un único fin, el equilibrio emocional. También Goleman sugiere algunos componentes que constituyen la propia inteligencia emocional. Entre algunas podemos encontrar: conciencia propia, autorregulación, motivación y habilidades sociales.

Por otro lado, este modelo tiene aplicación en la vida laboral, teniendo en cuenta aspectos organizacionales y de gestión, afines a la administración.

Modelo Bar-On: Se desarrolla el aspecto social sobre la base de la inteligencia emocional, aludiendo a una inteligencia social y emocional por encima de la inteligencia cognitiva. Este modelo está compuesto por diversos componentes, entre estos podemos encontrar: el componente interpersonal, del cual se refiere al entendimiento esencial sobre el "yo" y el conocimiento de las emociones y su origen. El componente de adaptabilidad se refiere a la solución de las diferentes problemáticas y su pronta solución, e incluso la flexibilidad de cambiar alguna emoción negativa y transformarla en algo mejor. Asimismo, el componente manejo del estrés y como su nombre lo indica, se refiere a la forma en que manejamos la ansiedad subyacente de la vida diaria y el control de los impulsos de agresión.

Por consiguiente, el componente del estado de ánimo se refiere a la satisfacción que rodea nuestra vida en general y las disposiciones positivas que tengamos sobre estas.

Modelos de habilidades en la inteligencia emocional

Resulta de la existencia de percibir otro punto de vista frente a la inteligencia emocional, en este no es primordial aspectos netamente personales y sociales, apartando la personalidad como eje central. En estos modelos se entran las habilidades y destrezas de origen biológico impregnado en el cerebro humano. Así como lo postula Mariano García y Sara Giménez en su informe científico, en *la inteligencia emocional y sus principales modelos*, afirman: "Éstos postulan la existencia de una serie de habilidades cognitivas o destrezas de los lóbulos prefontales del neocórtex para percibir, evaluar, expresar, manejar y autorregular las emociones de un modo".

En este tipo de modelo se distingue uno en particular:

Modelo Salovey y Mayer: Desde sus inicios los cambios graduales de sus formulaciones han llevado a este modelo a resguardar la empatía como un componente. La popularidad y la práctica de este modelo es importante para la modernidad. Entre los componentes más notables se destacan: la percepción, comprensión y facilitación emocional, también la regulación de las emociones en su máxima expresión. Por ende, la particularidad de lo que propone Salovey y Mayer es el avance y el esfuerzo del hombre a través de sus habilidades internas para encontrar la inteligencia emocional.

Otros modelos de inteligencia emocional

En estos modelos se presentan una mezcla de las habilidades mixtas y los modelos de habilidades, en donde se tienen en cuenta componentes de personalidad, sociales y de habilidades. Algunos modelos son los siguientes:

Modelo Cooper y Sawaf: En este modelo sale a flote cuatro pilares fundamentales, la alfabetización emocional, la agilidad emocional, la profundidad y la alquimia emocional. Todos estos persiguen la eficiencia y el aplomo personal tanto en el trabajo como en las relaciones interpersonales de los individuos. Constituyendo así una correlación de la inteligencia emocional y los aspectos empresariales de la sociedad.

Modelo Boccardo Sasia y Fontenla: En este modelo se distingue la división de habilidades en cuanto a la pertenencia de la inteligencia emocional e interpersonal. Por ejemplo, las habilidades como el control, la motivación, el conocimiento de sí mismo pertenecen a la inteligencia emocional. Mientras que el reconocimiento de las habilidades de los demás pertenecen a la inteligencia interpersonal.

Modelo Matineaud y Engelhartn: Prevalecen los aspectos exógenos y la realidad externa del individuo. Este modelo vela por la autorrealización de la persona, primeriando el reconocimiento del "yo interior" y el poder del cambio en su autorregulación, asociada a cambios positivos.

Modelo de Rovila: En este modelo existe una clara división en dimensiones propuestas para la oportuna medición completa de la inteligencia emocional. Las doce dimensiones son: actitud positiva, reconocimiento de emociones propias, expresión abierta de las emociones, control de sentimientos, toma de decisiones acertadas, motivación, autoestima, generosidad, valores alternativos, adaptabilidad y equilibrio entre lo emocional y cognitivo.

En cuanto a los modelos, vale la pena resaltar la opinión de algunos autores que tienen una opinión crítica frente a este:

El modelo planteado se basa en aspectos, tanto internos como externos. Lo aspectos internos son características idiosincrásicas del individuo. Mientras que los aspectos exógenos o externos son comportamientos a partir de la adaptación o adopción del entorno. Cuando hablamos de entorno nos referimos a cualquier aspecto significativo derivado de otro individuo, empresa o situación. En este sentido, las características intrínsecas del ser humano, no necesariamente han de ser innatas sino que pueden ser adquiridas mediante el aprendizaje y/o conocimiento. De este modo, entre las características principales endógenas, tanto innatas como aprendidas, están la responsabilidad, el sentido común, la voluntad y la capacidad de aprender. (Mariano García y Sara Giménez, 2010)

De acuerdo a lo anterior, podemos tener claro que algunos modelos se basan en el aspecto de personalidad del individuo, teniendo en cuenta su forma social de acuerdo con la realidad externa en el que se encuentra involucrado, por otro lado, también se resalta las habilidades de desarrollo interno, cuyo origen está potenciado por una parte del cerebro. Existe una clara diferencia entre inteligencia emocional y cognitiva.

Test de inteligencia emocional

En el camino hacia el equilibrio emocional existen muchas herramientas para hallar las claves necesarias en el trayecto de la inteligencia emocional, así y manteniendo un continuo análisis de nosotros mismos. Encontrar interiormente nuestras debilidades, fortalezas y creencias; nos ayudará a mantener una sólida psiquis emocional, dispuesta a irradiar paz, tranquilidad y raciocinio que deseamos en nuestros días.

Para ello es necesario la pronta respuesta a cuestiones de la vida diaria, en donde podemos evaluar nuestros puntos débiles y fuertes. Tendremos la facultad de autoconocimiento emocional, autocontrol, automotivación, el reconocimiento de sentimientos ajenos y las relaciones interpersonales continuas.

Conviene hacernos este autoanálisis a través del siguiente test, así tendremos resultados que nos hará comprender cuál es nuestro nivel con base a la inteligencia emocional, descubrir esto nos ayudará a reformularnos actitudes que muchas veces no vemos frente a la sociedad.

En este test tenga en cuenta el valor de las opciones:

Opción A) = 1 punto

Opción B) = 2 puntos

Opción C) = 3 puntos

Recuerde que el test debe ser contestado con honestidad, de esta forma los resultados serán precisos y la solución cómoda de acuerdo al caso. Si no entiende la pregunta lea varias veces y analice las opciones:

1)   En momentos de tristeza, ¿cuál es su actitud frente a la alimentación?

A) Come en exceso.

B) Disminuye su ingesta de alimentos.

C) Su alimentación es adecuada y normal.

2) Cuando va a realizar compras y tiene mucho dinero, ¿cuál es su actitud?

A) Compra todo lo que observa de su agrado.

B) Compra algunas cosas extras.

C) Compra según lo presupuestado.

3) Si alguien le inspira algún sentimiento en particular, ¿usted que hace?

A) Se reserva el sentimiento.

B) Pocas veces demuestra sus sentimientos.

C) Expresa abiertamente sus sentimientos.

4) Si está en una fila esperando, ¿se impacienta?

A) Si, bastante.

B) Más o menos.

C) No, para nada.

5) Si comete algún error, ¿cómo se siente?

A) Indiferente.

B) Ansioso y luego se le pasa.

C) Su conciencia lo mortifica y debe hacer lo correcto.

6) Si alguien debate con usted sobre un tema en particular, ¿cuál es su actitud?

A) Defiende su punto de vista y no le importa la de los demás.

B) Guarda sus opiniones de los demás y reserva su comentario.

C) Escucha atentamente los puntos de vista y luego, intenta llegar a un acuerdo.

7) Cuándo está enojado, ¿Qué hace?

A) Te reprimes y ocultas el enojo.

B) Expresas tu molestia abiertamente y no te importa la de los demás.

C) Expresas tu molestia a solas, sin afectar a nadie.

8) ¿Tu estado de ánimo es inestable?

A) Si, bastante.

B) Más o menos, depende del exterior.

C) No, intenta mantener siempre una actitud firme.

9) ¿Cuál es tu actitud cuando algo te sale mal?

A) Culpas a otros por tus resultados.

B) Te culpabilizas a ti mismo.

C) Intenta mejorar y aprender de los errores.

10) Si alguien opina sobre algo que debas cambiar, ¿cuál es tu actitud?

A) Te pones a la defensiva y le llevas la contraria.

B) No le das importancia a las opiniones de los demás.

C) Agradeces su opinión y luego analizas si tiene razón.

11) Necesitas ayuda, ¿qué haces?

A) No te gusta pedir ayuda, prefieres solucionar tus propias cosas.

B) Le comentas a alguien tu situación con la intención de que él mismo ofrezca ayudarte.

C) Hablas con alguien cercano sobre el asunto y le pides que te ayude.

12) ¿Te gusta trabajar en equipo?

A) No, prefieres hacer las cosas por ti mismo.

B) Depende, si te caen bien o mal.

C) Si, participas activamente en el grupo y das tus opiniones.

13) Los problemas de los demás, ¿te afectan?

A) Si, demasiado.

B) No te afectan, te da completamente igual.

C) Depende de tu cercanía con esa persona.

14) ¿Te sientes solo(a)?

A) Demasiado.

B) A menudo.

C) Nunca.

15) Cuando te presentan a alguien, ¿cuál es tu actitud?

A) Lo ignoras y hablas con tu otro amigo.

B) Lo saludas, pero te da igual su vida.

C) Lo saludas amigablemente e intentas conocer a esa persona.

16) Si te hacen bromas pesadas, ¿cuál es tu actitud?

A) Respondes violentamente y te tomas lo que dicen personalmente.

B) Te ríes con ellos, aunque te sientas ofendido.

C) Expresas tu opinión sobre que no te gustan ese tipo de bromas.

17) Si tus compañeros de trabajo no te tienen en cuenta para un paseo, ¿cómo te sientes?

A) Mal, te sientes afligido y triste porque ellos no te estiman.

B) Sientes un odio y decides no hablarles más.

C) Normal, piensas que se les olvido y tal vez te lo pidan después.

18) Alguien habla mal sobre un compañero de trabajo o clase, ¿cuál es tu actitud?

A) También hablas mal de esa persona, creando chismes.

B) Le avisas a tu compañero que alguien habla injurias sobre su persona.

C) Ignoras los chismes y te centras en tus labores.

19) Alguien te pide disculpas, ¿qué haces?

A) Sigues discutiendo y no lo perdonas.

B) Lo personas pero hipócritamente.

C) Perdonas a esa persona y olvidas lo sucedido.

20) ¿Tus emociones te controlan?

A) No, para nada.

B) A veces.

C) Casi nunca, siempre intentas controlarlos.

Al contestar el test con la mayor honestidad posible, es hora de mostrar los resultados. Primero deberá sumar los puntos que valen las opciones en cada pregunta, el total de la sumatoria será los puntos totales del test. Según los resultados y de acuerdo al total de puntos se concluye lo siguiente:

20-35 puntos: Usted debe cambiar muchas actitudes para encontrar el equilibrio emocional. Es preciso sacar sentimientos ocultos y reprimidos que tanto daño le hacen al alma y corazón. Es fundamental intentar que la razón le gane a las emociones, realizar deportes y tener un pasatiempo lo ayudará a mantener sana su mente, incluso la meditación bajará un poco la ansiedad que suele mantener. También es importante crear lazos de fraternidad con sus semejantes y si es preciso buscar ayuda profesional cuando se encuentre en un estado profundo de depresión, así podrá aliviarlo de sus mayores penas.

36-40 puntos: Busca razones y motivos para hallar su parte positiva, está contra la pared, usted cree que las situaciones no pueden ser cambiadas, sin embargo, existe una luz de esperanza para transformar las circunstancias negativas en momentos de aprendizaje. Tiene miedo a cambiar e incluso ignora las cosas que le rodean. Pero, si autoanaliza ciertas actitudes, usted podrá recobrar el verdadero camino junto a la inteligencia emocional.

41-55 puntos: Está casi de lograr entrar de lleno a la inteligencia emocional, pero algo lo detiene, debe descubrir ese detalle escondido dentro de sí mismo. Para ello es primordial conocerse profundamente, así podrá hallar la raíz fundamental de sus cuestionamientos. Solamente le falta descubrir un peldaño para alcanzar su propia paz y tranquilidad.

56-59 puntos: Usted ha entendido lo que comprende la inteligencia emocional, sabe que nadie es perfecto, pero hace lo sumo posible por mantener un equilibrio y una neutralidad con sus emociones. Siga mejorando su inteligencia emocional, de esta forma cambiará su mundo y la de los demás.

60 puntos: Es importante aprender el valor de la honestidad y de qué forma es determinante para aceptar sus propios errores.

Diferencias entre inteligencia emocional y cognitiva

A medida que entramos en profundidad sobre la inteligencia emocional y todos los mecanismos que existen para encaminar nuestro trayecto a una notable armonía física e incluso espiritual, en donde la paz acompañe nuestra alma en la incertidumbre de la vida, transformando nuestras malas actitudes en un susurro primaveral de optimismo y constancia, del cual tal vez, podamos cambiar nuestra realidad junto a las personas que nos rodean. Es tan fácil leer e intentar actuar de cierta forma, sin embargo, los cambios se dan en momentos adecuados, cuya finalidad es impartir el equilibrio que necesitamos para tratar bien a nuestro prójimo, de mantener nuestra mente tranquila y sana, de rendir en cualquier aspecto de nuestras vidas tanto laboralmente y personalmente.

De allí nace las diferencias notables de la inteligencia emocional y cognitiva, aunque ambas se relacionan y complementan entre sí, existen razones para diferenciar la una de la otra.

Antes de comenzar por las diferencias, debemos repasar los conceptos de cada una. En primer lugar, la inteligencia emocional es un tema tratado desde hace muchos años, y algunos autores tienen un concepto práctico frente a esta inteligencia:

Una vez expuestas diferentes definiciones sobre el tema tratado, se entiende que la inteligencia emocional es una forma de interactuar con el mundo, que tiene en cuenta los sentimientos, y engloba habilidades tales como el control de los impulsos, la autoconciencia, la motivación, el entusiasmo, la perseverancia y/o la agilidad mental. Estas características configuran rasgos de carácter como la autodisciplina, la compasión o el altruismo, que resultan indispensables para una buena y creativa adaptación social. (Gómez E.t, 2000).

De lo anterior podemos inferir que la inteligencia emocional es la forma de concebir al mundo desde una perspectiva netamente emocional y sentimental, desarrollándose habilidades orientadas a las emociones internas del individuo, y que tienen la particularidad de influir en las decisiones de las personas. Para entender esta definición, lo ilustraremos con un ejemplo: imagine que usted es un destacado empresario, dueño de una empresa y, por lo tanto continuamente tiene reuniones importantes con proveedores, clientes y empleados. Llega un día en que usted amanece devastado y su cólera influye en su conducta, no quiere hablar con nadie y mucho menos escuchar cantaletas y problemas, se encierra ante la singularidad del mundo. Ingresa a su oficina y se encuentra con muchos trabajos por realizar, el estrés embriaga su alma, de pronto el teléfono suena y le avisan de unos clientes importantes. Por su mal humor no querrá atenderlos, ¿usted perdería un negocio por sus emociones?

Es allí en donde la inteligencia emocional influye en la vida de cualquier ciudadano con voluntad de cambiar totalmente su forma de percibir el mundo, teniendo control sobre los sentimientos y las malas disposiciones, si el individuo del ejemplo anterior toma las riendas de su cuerpo y emociones, su grado de profesionalismo aumentará indudablemente. Una cosa son nuestros problemas y otra es dejar que dichos negativos nos sigan hacia el lugar de trabajo.

Por otro lado, la inteligencia cognitiva se refiere a la destreza del raciocinio de la mente y las habilidades lógicas que ofrece, así como lo sugiere algunos críticos:

El pensamiento humano es el resultado de una serie compleja y abstracta de procesos, que van desde la captación de determinados estímulos, su interpretación, su almacenamiento en la memoria y su traducción a un sistema de valores y conceptos del cual posteriormente emergerá una respuesta. Se conoce como habilidades cognitivas o capacidades cognitivas a las aptitudes del ser humano relacionados con el procesamiento de la información, es decir, los que implican el uso de la memoria, la atención, la percepción, la creatividad y el pensamiento abstracto o analógico. (María Raffino, 2019)

Así, la razón juega un papel importante en las acciones del individuo y la respuesta frente a estímulos de su realidad externa. En esta se distingue algunas habilidades, entre ellas: la capacidad lingüística, la atención, la abstracción y la capacidad deductiva. De esta forma la comprensión y elaboración de pensamientos trasluce una polaridad en la parte cognitiva de la persona, explorando sus debilidades y fortalezas de acuerdo a un pensamiento coherente.

Por lo tanto, es hora de aclarar las diferencias entre estas inteligencias, sin embargo, con un simple ejemplo usted entenderá claramente una distinción entre las dos: Imagine el individuo X y el individuo Y, ambos estudiaron el bachillerato y la universidad, teniendo diferencias de carreras, el sujeto Y estudió administración de empresas y el sujeto X estudió administración de empresas más un doctorado en gestión pública, incluyendo un Magíster en finanzas. Por ende, el sujeto X tiene más ventaja por su alto coeficiente. Los dos se presentan a una entrevista para ocupar puestos diferentes. El sujeto Y tiene una excelente actitud y demuestra una inteligencia emocional elevada, mientras que el sujeto X demuestra preocupación y tiene una actitud déspota y poco afectiva e incluso antisocial.

Al finalizar la entrevista, el empleador escoge al sujeto Y como jefe del individuo X. ¿Qué sucedió? Pues, la inteligencia emocional prevaleció frente a la cognitiva, porque el sujeto Y demostró una empatía con el empleador, mientras que el individuo X fue introvertido. El empleador preferirá tener muy cerca a una persona con la que él piensa que se llevará muy bien, quedando en segundo lugar su preparación.

Es muy común para el ser humano dividirse en grupos, es allí en donde los gustos comunes juegan un papel importante, no es un secreto que en la mayoría de las entrevistas laborales eligen al que proyecta una actitud emprendedora, confiada y sobre todo optimista. Pero, sin duda la preparación influye en dicha elección.

Según el razonamiento anterior, queda claro que la inteligencia emocional está ligado notablemente con los aspectos sentimentales del individuo, en cuanto a la actitud que expresa en el mundo en que lo rodea, su forma de percibir y tomar el control de las situaciones, el desenvolvimiento emocional que tiene el individuo y su forma de tratar a los demás. Mientras que el razonamiento cognitivo hace referencia al conocimiento intelectual y sus acciones lógicas a través de un pensamiento coherente, desarrollando una acción completa.

Indudablemente el cerebro es la pieza fundamental en donde ambas inteligencias conviven, en la corteza delantera se encuentra el cerebro cognitivo y hacia abajo el emocional, en el sistema límbico.

¿Cómo desarrollar la inteligencia emocional?

En los años anteriores la inteligencia emocional era vista como una habilidad innata para pocos, una cualidad difícil de hallar. Personas capaces de conocer las emociones de las personas que las rodean e incluso el control del estrés.

Las recientes investigaciones han mostrado que además de la inteligencia emocional, también debe existir la cognitiva. Los mejores líderes se han caracterizado por su notable inteligencia emocional, conocen a fondo los sentimientos de los demás y reconocen la necesidad de las personas que los rodean. Además, siempre se había pensado que solo este tipo de inteligencia los hacía exitosos, sin embargo, algunos autores confirman el equilibrio que estos líderes empáticos debían tener:

A finales del siglo XX aparecieron varias investigaciones (culminadas en el bestseller Inteligencia Emocional) que presentaban la inteligencia emocional como el principal motor del éxito y satisfacción personal. Los estudios mostraban que los mejores líderes eran emocionalmente muy inteligentes. En resumen, la inteligencia emocional es importante pero no es la panacea. En ciertas situaciones puede ser muy útil, y en otras el cociente intelectual puro y duro (la capacidad de analizar y sacar conclusiones) puede ser más determinante. (Pau F. Navarro, 2015)

Es sin duda fundamental equilibrar la parte emocional y cognitiva, para poder hallar la clave y el secreto de los mejores. A continuación se muestran 5 pasos fundamentales para desarrollar la inteligencia emocional:

Paso 1: Detecta tus emociones

En la vida diaria las acciones de los demás se ven influenciada notablemente con el mundo exterior y cada vida que lo rodea. En nuestro trabajo, la influencia de compañeros y tareas es notable, puesto que las relaciones interpersonales y nuestro desempeño laboral se encuentra regido por el ambiente en que nos encontramos. Es allí en donde debemos detectar la emoción que sentimos en cada aspecto de nuestras vidas.

Podríamos preguntarnos: ¿Me siento bien en mi casa? ¿Disfruto el tiempo con mi familia? ¿Cómo actuó frente a los problemas? ¿Me afecta la opinión de los demás? ¿Cuál es el trato de mis compañeros? Estas preguntas son fundamentales para comprender en qué momento nuestro estado de ánimo puede cambiar abruptamente.

Es difícil desaparecer una emoción y más aún si es negativa, el mismo cuerpo desea expresarse de tal forma que irradia a través de las emociones sus incesantes sentimientos, es una necesidad innata de la razón para llegar a la tranquilidad. Desarrollar la detección de sus emociones en cada aspecto, lo hará encontrar la raíz de sus problemas, si en este caso la emoción es negativa, por lo tanto, si encuentra dicha respuesta podrá solucionar aquello que lo aqueja.

Paso 2: No juzgar tus emociones

A menudo muchas personas buscan la perfección, intentan todo lo posible para alcanzar la cúspide de una moral intachable, y precisamente esa actitud puede llevar al individuo a juzgar cada emoción negativa que presente en cualquier circunstancia.

Las emociones negativas pueden protegernos de algún peligro presente en nuestro alrededor. El miedo nos avisa a sobrevivir en situaciones incontrolables, nos saca de peligros inminentes para proteger la propia vida e incluso el equilibrio emocional y mental. El enojo es una sensación de molestia totalmente normal, a través de esta nos damos a respetar y explotamos cualquier sentimiento corroído. Asimismo, la tristeza nos ayuda a desahogar las penas por alguna situación concreta, es una forma de expresión normal para circunstancias dolorosas.

Muchas investigaciones formulan que a través de las emociones el cuerpo libera ciertas sustancias, de acuerdo a una sensación concreta en alguna situación del vivir diario.

Paso 3: Controla tus pensamientos

Un pensamiento puede cambiar una actitud, conocer a fondo nuestra personalidad nos llevará a enlazar las emociones con la mente. Es muy común escuchar excusas para las actitudes no sanas o violentas, la típica "así soy yo, y no me controlo", es muy usada por las personas que pierden la cabeza cuando su molestia es muy grande. En parte tienen razón, porque es difícil controlar una emoción y no es sano reprimir aquello. No obstante, pensar antes de actuar facilitará el control de alguna emoción negativa.

Puede realizar ejercicios corporales cuando se encuentre frente a una situación que considera negativa, por ejemplo, si siente que estallara de la ira, puede respirar profundo y pensar en que no le conviene mostrar esa actitud, también puede salir de la situación y dirigirse hacia otro lugar, con el fin de evitar una escena violenta e incluso puede usar la comunicación asertiva para manejar las situaciones nefastas.

Paso 4: Entender las actitudes de los demás

Es complicado intentar comprender y meternos en los zapatos de las personas, o más bien entender las actitudes de los demás, al menos que seas psicólogo. Para poder comprender a nuestros semejantes, debemos en primera instancia preguntarles el porqué de su reacción, encontrar las causas de aquella actitud nos ayudará a entender la situación y probablemente encontraremos alguna solución oportuna.

Por otro lado, también podríamos evitar a toda costa un conflicto dialogando de manera asertiva, pero manteniendo firme nuestras ideas y convicciones, lo importante es llegar a un consenso pacífico con dicha persona. Recordemos que nadie es perfecto y cada quien defiende sus creencias como puede, no es tan alejado de la realidad esta conducta humana.

Paso 5: Crea hábitos de aprendizaje

En este contexto, se estaría hablando de un aprendizaje de carácter emocional, es decir, si alguien quiere cambiar deberá leer todo acerca de la inteligencia emocional, aceptar sus errores, virtudes y habilidades. También manifestar habilidades sociales y ser empático con las personas que nos rodean. Convertir en algo práctico el aprendizaje adquirido para así tener una idea de cómo actuar en situaciones insospechadas de la mejor manera.

Por lo tanto, cultivar la inteligencia emocional y ponerlo en práctica será la clave para encontrar el camino ideal en el equilibrio emocional. Tan solo la voluntad podrá hacer el cambio oportuno para una vida mental y sentimental sana.

Los pasos anteriores son necesarios para una oportuna respuesta en cómo debemos desarrollar la inteligencia emocional, no siempre actuaremos de la mejor forma, ya que cada persona tiene una personalidad diferente, sin embargo, a veces es oportuno cambiar algún aspecto negativo, de las cuales nos puede hacer mucho daño, como mejorar la relación con la pareja, hijos, vecinos y demás personas cercanas. ¡Es hora de que renovemos nuestra vieja personalidad y usemos la inteligencia emocional!

Capítulo Tres:
Desarrollo de habilidades en la inteligencia emocional

A través de la historia, el ser humano ha manifestado cierta particularidad en su forma de ver la vida. Como un ser inteligente y emocional el hombre se diferencia de algunos animales en la naturaleza. En la antigüedad, el instinto salvaje tenía una fuerza incontrolable, a medida que el tiempo transcurrió para el ser humano, este encontró la ética, la moral y la leyes como un pilar inamovible para su supervivencia. Siempre alguien sobresalía de los enormes grupos como en la actualidad. ¿Qué tenían de diferentes estos líderes? Pues, sus actitudes emprendedoras y el poder que tenían para el convencimiento e incluso el control de enormes masas. No obstante, estos en toda la historia humana se han caracterizado por tener un secreto oculto, la inteligencia emocional.

Estos líderes han desarrollado habilidades innatas para una efectiva relación interpersonal, y esto tiene una relación clara con la parte laboral, familiar y social. En cuanto a la parte laboral, se ha observado bastante que en empresas del sector comercial prevalece la intención de convencer al cliente para que compre algún producto en particular, juegan con sus emociones y sentimientos, cuyo fin primordial es la adquisición de un bien. La satisfacción será por parte del trabajador, buenos ingresos y del cliente la satisfacción por satisfacer sus necesidades. Este tema de inteligencia emocional con el trabajo será profundizado en capítulos siguientes.

Además, muchas empresas de turismo también manejan la inteligencia emocional, la mayoría de los asesores mantienen una excelente actitud, saludan con una sonrisa e intentan conectar amigablemente con el cliente, aunque son inconscientes de que están usando inteligencia emocional, demuestran habilidades que involucran a esta misma. Por lo tanto, la mayoría de las organizaciones de carácter comercial instan a sus trabajadores a desarrollar habilidades sociales, vinculado con la inteligencia emocional. Porque a una buena prestación de servicios los ingresos aumentan considerablemente, es allí en donde la ley de que las personas prefieren pagar más solo por sentirse a gusto y apreciado.

Todo está ligado con la inteligencia emocional, la productividad aumenta cuando los trabajadores tienen una actitud equilibrada, los artistas llegan a la cúspide de sus pinturas, los compositores pueden inspirarse con una emoción y convertirla en algo mágico, los escritores inspirados con una emoción pueden crear obras magistrales y, así todas las profesiones están unidas notablemente con la parte emocional.

Por ejemplo, imagine que es un pintor famoso, desea innovar con alguna de sus pinturas, pero no tiene idea alguna de lo que piensa hacer. Los días transcurren y tiene una tristeza enorme, no tiene ganas de nada y la desdicha lo acompaña, si es sensato e inteligente puede aprovechar ese sentimiento negativo, transformándolo en su próxima obra de arte. Como el ejemplo anterior, sucede en la vida real, si escuchamos las entrevistas de algunos cantantes encontramos que estos tuvieron una inspiración esencial para alcanzar las notas de la canción y sin duda, terminan siendo un éxito, porque las personas tienden a sentir atracción por las cosas que comprenden sus emociones. Un ejemplo notable de eso es que la mayoría de las personas conectan sus sentimientos con algo tangible, comparten sus alegrías y tristezas con cierto tipo de bebidas y música. Por naturaleza el ser humano busca su propio placer, pero sin irnos en contravía con el tema principal que nos compete, usar la inteligencia emocional nos ayudará a no depender de factores externos para manejar y controlar las emociones.

Por otro lado, podemos encontrar creencias que respaldan el uso de inteligencia emocional, por ejemplo, la práctica de yoga puede ocasionar un equilibrio de la psiquis mental y emocional, el cuerpo encuentra cierta sintonía con la naturaleza y ayuda en cierta medida a mantener el cuerpo en la cálida rama de la paz.

Dichas habilidades son recurrentes en los líderes como explicamos anteriormente, todo líder refleja las cualidades de la inteligencia emocional, es práctico con las decisiones, escucha su grupo y sobre todo es empático, llegando a velar por los derechos de los demás. Así como lo sugieren algunos conocedores en el tema:

Las aptitudes para el liderazgo están en relación directa con las habilidades de la inteligencia emocional. Es mejor líder la persona que se controla a la hora de expresarse, que es capaz de motivar, que es empático. La inteligencia emocional y las habilidades que la estimulan son parte de las habilidades de liderazgo, por eso es tan importante trabajar en las herramientas que mejorarán tus aptitudes emocionales para convertirte en un líder inspirador, en un guía para tu equipo. (Business School, 2019)

En este capítulo abordaremos las habilidades de inteligencia emocional y cómo desarrollarlas para sacarle el mayor provecho posible, también explicaremos cuales son las cuatro habilidades de EQ, su definición y cómo mejorar el autoconocimiento, además exploraremos la conciencia social de autogestión y la gestión de relaciones, con el fin de priorizar las habilidades sociales.

¿Cómo desarrollar habilidades de inteligencia emocional?

Para desarrollar las habilidades de inteligencia emocional, debemos tener la voluntad de cambiar nuestras conductas negativas, ser capaces de comprender la importancia que conlleva tener una actitud equilibrada y positiva. Existen algunas técnicas para desarrollar dichas habilidades, de las cuales en las escuelas no son enseñadas.

Existen muchas habilidades prácticas que comúnmente las personas con inteligencia emocional logran, entre estas se encuentra la habilidad de contagiar energía positiva o alegría, escuchar a los demás y llegar a un consenso, tratar afectivamente a los allegados sin discriminación, manejar las emociones en circunstancias normales, y como completo algunos autores señalan otras habilidades:

Además, la inteligencia emocional también implica saber relacionarse con los demás, fundamentalmente a través de la empatía. Una persona inteligente desde el punto de vista emocional no solo será capaz de comprender los sentimientos de los demás y ponerse en su lugar sino que también podrá canalizar todas estas fuerzas de forma positiva. (Rosario Jiménez, 2019)

Por eso, antes de entrar de lleno con las habilidades de la inteligencia emocional; hemos enumerado algunos aspectos claves para aumentar y desarrollar nuestras habilidades de IE:

Clave 1: reflexiona sobre tus emociones

Cuando nos encontramos en situaciones adversas es común sentirnos muchas veces enojados, tristes e incluso melancólicos. Pero pocos pueden reflexionar sobre esa emoción y hallar la clave para controlar los impulsos. Hay que destacar que cada persona maneja sentimientos distintos, algunos se enojan por cualquier motivo, otros lloran por algún detalle, mientras que algunos ignoran completamente aquellos aspectos tan básicos. El nivel emocional nos puede llevar a reflexionar sobre nuestras emociones en cada momento de nuestras vidas.

Para aumentar las habilidades de inteligencia emocional debemos averiguar el porqué de la emoción y la raíz de su origen, así descubrirá qué puede cambiar.

Clave 2: Escuche a los demás

Esta parte es de suma importancia, ya que la comunicación es el pilar para relaciones interpersonales sanas. ¿Qué es la comunicación? La comunicación es la acción de intercambiar opiniones e información frente a un tema determinado. En esta existe un interlocutor e interceptor, de las cuales intercambian a través del diálogo un patrón de ideas. Por ende, saber escuchar es un factor importante para una excelente comunicación, así analizará los argumentos de los demás, sin caer en terquedad. La mayoría de los conflictos ocurren por no saber escuchar, así el conflicto crece cuando nos limitamos a tener en cuenta la parte negativa de las cosas, siempre hay que hacer una visualización general de las circunstancias, y si es el caso solucionar aquello.

Clave 3: Tenga conocimiento de sus debilidades y fortalezas

La forma de autoconocimiento es determinar qué debilidades tenemos y cuáles fortalezas nos hacen fuertes. Saber nuestras debilidades e incluso defectos nos llevará a entender el porqué de nuestras emociones o actitudes en determinadas situaciones de la vida diaria. Reconocer nuestras debilidades también nos ayudará a descubrir qué cosas debemos cambiar para mejorar la inteligencia emocional.

Asimismo, reconocer las fortalezas nos ayudará a mantener actitudes sanas y también a desarrollar el autoconocimiento de nosotros mismos en la realidad que nos rodea. Una forma de reconocer estos aspectos es como por ejemplo, escribir en un bloc de notas o en una hoja, una lista de nuestras fortalezas vistas por nosotros mismos, comparándolas con las fortalezas que otras personas observan en nosotros. De igual forma con las debilidades se hace el mismo procedimiento, se identifica los defectos o debilidades y aparte se realiza aspectos a mejorar.

De esta forma el individuo identificará en qué aspectos trabajará para desarrollar la inteligencia emocional. Los beneficios de conocerse así mismo aumentará en gran medida las habilidades.

Clave 4: Tener un pasatiempo

Para poder tener una vida saludable y equilibrada debemos practicar o tener un pasatiempo. Así como muchos psicólogos lo sugieren, si destinamos tiempo a por ejemplo, el ejercicio, a practicar un deporte, leer o tener afición, nos hará personas más felices, y por lo tanto, las emociones serán totalmente positivas.

Si queremos aumentar las habilidades de inteligencia emocional, una actividad nos hará desarrollar valores como la amistad, la paciencia, la empatía y la fraternidad. También nuestra mente estará involucrada en aspectos saludables y no en problemas o estrés laboral, es normal tener conflictos y problemas, porque la vida no es perfecta, sin embargo, mantener la mente enfocada en cosas valiosas nos hará desarrollar el autodominio y la empatía.

Clave 5: Medita

Cuando se encuentre en situaciones difíciles de manejar o de irritabilidad, respire profundo, piense en las soluciones y trate de no absorber odio en su corazón. El cuerpo agradece mucho la calma y la tranquilidad, el mismo organismo funciona bien, si nos encontramos equilibrados. De la misma forma, la práctica de posturas poderosas influencia mucho los estados de ánimo, es ahí en donde el cuerpo al mantenerse en posturas incómodas, tiende a expresar sentimientos de fastidio.

Muchas veces para las personas que usan transporte público, la incomodidad por ir parados en todo el trayecto puede causar estrés, también el ruido del motor e incluso mantener la misma postura por muchas horas, puede desencadenar un estado de estrés momentáneo. Si medita la paz llegará a su vida, provocando un estado de tranquilidad absoluta, tanto que esas pequeñas cosas no lo molestaran.

Clave 6: Duerma bien

Dormir bien es una de las claves más importantes. El sueño es la forma que el cerebro utiliza para descansar y descargarse del vivir diario. Es un mecanismo indispensable para el equilibrio del cuerpo, si esto se desestabiliza, entonces no habrá nada que se pueda hacer con las emociones. Cuando no se duerme bien, el propio cuerpo no funciona de la mejor forma, el cansancio puede llegar de tal forma que el interés y la concentración se pierda. En ese estado el mal humor se adueña de todas las emociones.

Por eso, debemos intentar dormir las 8 horas como lo sugieren los médicos. No se desvele injustificadamente, pero si es un trabajo nocturno, entonces el día será provechoso para descansar, en ese caso el uso de tapones para los oídos es factible para dormir en el día. Lo importante del caso es descansar las horas debidas.

Clave 7: Aprende a amar

El amor es uno de los sentimientos más profundos de la vida, es una sensación de velar por el bienestar y la vida de una persona. ¿Por qué el amor es importante? Porque el propio amor nos puede llevar a tener la voluntad necesaria para cambiar. También desarrollar el amor hacia el prójimo es importante, esto resultará en entender y ayudar a nuestros semejantes. El amor puede motivarnos a cuidar cada aspecto de nuestras vidas, incluso nuestra integridad mental, física y emocional.

Si desarrollamos oportunamente el valor del amor, al mismo tiempo aumentará nuestra inteligencia emocional. El deseo por ser mejor persona a través de un sentimiento tan puro como el amor, revaluara la forma de tratar a los demás.

Clave 8: No juzgue a los demás

La clave para hallar la razón de nuestra existencia es absolutamente respetar la forma de ser de los demás, nadie es perfecto y mucho menos "oro" para caerle bien a todo el mundo, no juzgar a las demás personas nos hará formar una empatía positiva, ya que no existe algún obstáculo para socializar con toda clase de personas. Según una investigación en el año de 2012, las personas más felices son las que respetan y no discriminan a los demás. Cuando alguien comienza a criticar a otros, es sencillamente porque esa persona tiene una infelicidad, por ende, intentan opacar la luz de otros.

El respeto es un factor importante para aceptar la diversidad de la vida, y así el prejuicio desaparece junto a los malos pensamientos y las críticas, esto transformándose en relaciones interpersonales positivas. La mejor forma de incrementar la inteligencia emocional es el auto respeto y el respeto hacia los demás.

Clave 9: Aprende a controlar las emociones

Cuando una persona nos trata de forma injusta, es común que nuestro enojo se manifieste. En estos casos hay quienes pierden el control total. Es peligroso dejarse controlar por este tipo de emociones, puesto que podemos cometer un error fatal. ¿Cómo controlarse?

En primer lugar, analizar la situación podrá calmar esa sensación, pensar con la cabeza fresca en aquella circunstancia averna y como resultado aparecerá la solución adecuada. En segundo lugar, se puede dialogar de manera asertiva con la persona, llegando incluso a un acuerdo y también al desahogo de las emociones negativas, de esta forma conocerá a fondo el porqué de las actitudes contra su persona, resultando en una cálida conversación beneficiosa.

Por último, aprender a olvidar es la clave para encontrar la tranquilidad, si olvidamos las vivencias negativas, aprenderemos a eliminar el rencor y la ira. No es tan solo olvidar, sino más bien, aprender a perdonar los errores de los demás.

Clave 10: Nunca rendirse

Muchas veces la ansiedad juega un papel crucial en nuestras decisiones, tenemos la necesidad de un cambio, pero muchas veces lo vemos imposible, intentamos todo lo posible para inculcar la inteligencia emocional que olvidamos mantener la fe frente a los fracasos. En ocasiones las personas creen improbable cambiar, y se vuelven algo tercas a situaciones nuevas, piensan que nadie podrá transformar sus actitudes porque nacieron así. No obstante, todos podemos moldear nuestra personalidad para llegar a la cúspide de la inteligencia emocional.

La convicción nos llevará a alcanzar nuestras metas, escribir los rasgos a cambiar es un paso fundamental para alcanzar los aspectos necesarios de mejora. Seguir a pesar de las caídas y no detenernos en el camino de la inteligencia emocional, resultará beneficioso para nuestra vida. ¡Nunca se rinda, aunque caiga!

Ahora que vimos las 10 claves para aumentar nuestra inteligencia emocional, es hora de explicar las habilidades fundamentales, entre estas podemos encontrar las siguientes:

Capacidad de automotivación

Las emociones juegan un papel crucial en nuestras decisiones, y es que un oportuno desarrollo de la automotivación, nos podrá ayudar a concentrarnos en lo que realmente importa. Los resultados serán la puesta de objetivos específicos, sin caer en la desmotivación. Si queremos nuestro propio bienestar, haremos todo lo posible para transformar nuestras debilidades en fortalezas, o si tenemos amor propio encontraremos el camino hacia el éxito emocional y duradero.

Empatía

Como explicamos anteriormente, la empatía es la aceptación de las diferencias, cada persona es única, cree y observa la vida de forma distinta. Ponernos en los zapatos del otro hará cultivar esta cualidad.

Autoconciencia emocional

Esta virtud es imprescindible para dominar la inteligencia emocional, el reconocimiento de las emociones y de la personalidad, es una clara muestra de madurez, puesto que si nos conocemos a nosotros mismos, podemos evitar situaciones impropias. Muchos analistas afirman sobre este hecho:

Conocer cómo te sientes en todo momento, es imprescindible. Nos referimos a reconocer la emoción en el momento en el que aparece, en el mismo momento que está sucediendo. Conociendo nuestros sentimientos reales y actuales, seremos capaces de tomar decisiones más acertadas, y por lo tanto, actuaremos en consecuencia. De este modo, tendremos un control mayor sobre nuestras vidas y dirigiremos más positivamente nuestro camino. (Jaume Guilera, 2016)

Control de impulsos

Así como explicamos en la clave 9, saber controlar nuestros impulsos es sin duda una habilidad de la inteligencia emocional, sin embargo, vale la pena complementarlo con la opinión de algunos analistas:

Cuando somos conscientes de qué nos está pasando en este momento, necesitamos saber gestionarlo. Si mi madre me despierta y eso me enfada, tengo que intentar gestionar este enfado de una forma adaptativa; controlando mis impulsos de saltar, chillar o hasta insultar.

Controlar nuestras reacciones emocionales, nos permitirá controlar nuestras conductas, nuestra impulsividad. (Jaume Guilera)

Comunicación asertiva

Esta parte es de suma importancia, ya que con una excelente comunicación se puede solucionar cualquier problema personal. Por ejemplo, una mujer que tuvo un problema con un compañero de trabajo porque este le derramó el café en la camisa, la mujer solamente grita y no quiere escuchar explicaciones, el sujeto también le responde de la misma forma. Así que ambos mantienen la misma actitud agresiva. Si uno de ellos cambia su forma de actuar e intenta intuitivamente tranquilizar a su compañero, sin duda resultará en una solución oportuna, una simple disculpa ayudará a bajar el descontento. El ego es un factor importante en las decisiones, por eso hay que saberlo manejar.

La comunicación asertiva es una integración de la buena forma de expresión, sin caer en agresividad ni en comunicación pasiva. La opinión con respeto es la llave primordial para la buenas relaciones.

Los cuatro pilares de la inteligencia emocional

Para ahondar directamente en los cuatro pilares de la inteligencia emocional, debemos entender las habilidades mencionadas anteriormente, siendo esto factible; es hora de descubrir los pilares o bases fundamentales de la inteligencia emocional. Debemos tener en cuenta la singularidad relación de emoción e intelecto, así como lo afirma algunos investigadores de la rama:

Existen dos armas poderosas del liderazgo: la mente y el corazón. El poder que te da la mente, o la inteligencia de un líder (también denominado el coeficiente intelectual o IQ) es la capacidad de análisis y estrategia. El poder del corazón (llamado inteligencia emocional o EQ) es la capacidad de conectar con otros seres humanos e influir en ellos. (Víctor Manzanilla, 2019)

Los cuatro pilares de la inteligencia emocional son los siguientes:

Autoconciencia

Es la forma en cómo nos vemos y sentimos en esta realidad. Entre más puntos ciegos percibamos, aumenta considerablemente la autoconciencia. En pocas palabras aplica la necesidad de aceptar y reconocer los aspectos más complejos de la personalidad, sin entrar en la terquedad ingenua y ciega, es decir, la sola aceptación del ser, es sin duda la máxima expresión de la conciencia propia. De la misma forma muchos investigadores afirman este concepto:

El primer pilar que necesitamos desarrollar para construir nuestra inteligencia emocional es la autoconsciencia: es lograr un ambiente abierto al feedback y la retroalimentación, es estar siempre atento a escuchar cómo otros están percibiendo tu liderazgo y tus intenciones, es buscar con intensidad convertirte en una persona con integridad: donde no exista diferencia entre lo que dices que eres, y lo que realmente eres. (Víctor Manzanilla, 2018)

Según las palabras anteriores de Manzanilla, se puede inferir que las personas que nos rodean pueden darnos opiniones acerca de nuestras actitudes y el liderazgo que tenemos en el ambiente laboral. En cuanto al feedback o también llamado retroalimentación, es el mecanismo para intercambiar ideas de manera saludable.

Auto-gerencia en la inteligencia emocional

La auto gerencia es la capacidad de controlar nuestras emociones, así como lo explicamos en los anteriores temas, el control emocional hace parte de la gerencia del mismo. Esta se divide en varias:

Autocontrol emocional: Nadie desea estar cerca a personas que explotan por cualquier circunstancia. Los líderes entienden perfectamente que actuar frente a una situación es precisamente tomar decisiones de forma acertada, más no como quisieran. Para entender esto podemos ilustrarlo con un ejemplo: un individuo es dueño de una empresa, su contador se acerca a él para avisarle de los problemas financieros que la compañía tiene, si aquel dueño no usara el control emocional, sería capaz de eludir y atacar violentamente al contador por las malas noticias, no obstante, si el líder usa la inteligencia emocional, considerará analizar la situación y tomar la decisión correcta junto a su contador. Por el contrario, si el dueño de la empresa fuese tomado la primera actitud, indudablemente el contador fuese renunciado a su puesto, como resultado el individuo se quedaría solo y abandonado financieramente.

Adaptabilidad: Es la flexibilidad a las situaciones cambiantes, en donde se puede sacar el mayor provecho. En este caso, todo líder debe tener la facultad de adaptarse a los cambios repentinos del ambiente, incluyendo a las personas.

Orientación al objetivo: El líder no solamente debe estancarse en entender a las demás personas, sino en lograr sus objetivos y metas de forma estratégica. Para ello existen tantas herramientas que la inteligencia emocional nos brinda. Un líder siempre buscará el éxito para sí mismo y para su equipo de trabajo.

Optimismo: La voluntad se refuerza junto a la ilusión de llegar al éxito, mantener una actitud optimista y positiva a través de las acciones hará que se desarrolle de manera oportuna sus ideas. Creer en el trabajo de los demás y confiar en sus decisiones abrirá un gran panorama.

Conciencia social en la inteligencia emocional

Existen muchas definiciones que tratan de explicar lo que es realmente la conciencia social, encontramos definiciones como que es un concepto psicológico y filósofo, en el primero la conciencia social trata de explicar cómo la razón psicológica del individuo frente a las situaciones de las demás personas puede ayudar a mejorar las actitudes, mientras que el segundo lo cataloga propiamente como la fuente del conocimiento.

Por otro lado, la conciencia es la capacidad de razonar frente a los estímulos de la realidad externa. De esta forma la conciencia social es la manera de relacionarnos con el exterior, de acuerdo a los parámetros culturales de una determinada región. Definitivamente este tipo de conciencia está involucrada con las relaciones personales de los individuos, y el reconocimiento de las situaciones buenas o malas que le suceden a los demás, por ejemplo, reflexionar sobre la pobreza del mundo, sentir tristeza cuando observamos una injusticia y demás hechos de carácter volátil.

Pero veamos una definición de algunos autores importantes de acuerdo con la conciencia:

La conciencia puede ser entendida como aquella capacidad de razonar, en la cual podemos interpretar los estímulos y sensaciones externas e incluso internas (es decir, estados mentales). La conciencia de sí, es decir, el reconocerse como una entidad racional distinta a lo que lo rodea, es una de las principales diferencias con el resto de los seres vivos. (María Ruffino, 2019)

Además, la misma autora añade una afirmación importante sobre la conciencia social: "En este sentido, la conciencia social se manifiesta bajo la cristalización de la condición de clase y se expresa en el arte, la filosofía, la religión y muchas otras expresiones culturales, todas expresiones de una condición mayor: la ideología". Por este motivo, la parte ideológica es un peñasco para quien desarrolla habilidades de inteligencia emocional, porque la ética y la moralidad nos hace reflexionar sobre los aspectos propios de la vida: el amor, el trabajo, las relaciones personales y la vida familiar. La conciencia social se divide en dos puntos importantes: la empatía y la conciencia organizacional, indaguemos sobre la segunda.

Conciencia organizacional: Un líder debe comprender la organización y cómo esta se entrelaza con los resultados. Para entender esta conciencia, lo ilustraremos con un simple ejemplo:

Imagine que es el encargado de administrar un supermercado, y que tiene a su disposición cajeras que se dedican a atender a los clientes, a panaderos cuyo trabajo es velar porque siempre se encuentre panes, al tesorero que se encarga de llevar las cuentas correctas, también al locutor que tiene la tarea de informar acerca de los descuentos y las ofertas del lugar, y al vigilante que se encarga de mantener seguro el supermercado. Cada uno cumple una función diferente, cuyo resultados y objetivos son mantener el supermercado en las mejores condiciones posibles.

Con el ejemplo anterior, se puede entender que la conciencia organizacional es precisamente la capacidad que tiene el líder para comprender que el trabajo de todos creará una recompensa.

Gerencia de relaciones en la inteligencia emocional

Esto tiene una conexión directa con el marketing y las tecnologías de gestión de relaciones con los clientes. Una prueba de esto es la explicación que podemos encontrar por parte de algunos expertos:

La CRM (Gestión de relaciones con los clientes) es un término de la industria de la información que se aplica a metodologías, software y, en general, a las capacidades de Internet que ayudan a una empresa a gestionar las relaciones con sus clientes de una manera organizada. Por ejemplo, una empresa podría crear una base de datos de clientes que describiese las relaciones con suficiente detalle para que la dirección, los agentes de ventas, las trabajadores de servicio y, tal vez, los clientes, puedan acceder directamente a dicha información, responder a las necesidades de los clientes con planes de productos y ofertas, recordar a los clientes distintas necesidades de servicio, saber qué otros productos ha adquirido un cliente, y así sucesivamente. (Margaret Rouse, 2006)

Sin embargo, en la inteligencia emocional se recoge de forma acertada la gestión o gerencia de relaciones como la práctica del individuo de sus conocimientos sociales en un entorno determinado, cuya finalidad es la obtención de beneficios positivos en los proyectos. En este tipo de gerencia se dividen varias habilidades como las siguientes:

Influencia: Esta se refiere a la capacidad que tiene el individuo para impactar a través de su punto de vista en una determinada intervención o reunión, es un don innato de los líderes. En la actualidad este efecto resulta bastante interesante, ya que podemos encontrar en las redes sociales personas que con sus vídeos consiguen el mayor protagonismo posible, los demás siguen sus ideologías y hacen crecer su entorno, así la influencia de la información crece desmedidamente hacia los demás.

Esto es una clara muestra del poder de convencimiento que tienen muchos, sin embargo, para encontrar ese poder o más bien habilidad, es indispensable usar la parte cognitiva, ambas inteligencias (emocional y cognitiva) unidas, desarrollan una influencia hacia las personas que buscan seguir una idea e incluso una ideología. Ser diferente e innovar con propuestas inteligentes de seguro hará que los demás decidan seguirlo.

Mentor: Es la capacidad de ayudar a los demás a encontrar sus destrezas y habilidades, ayudando al equipo a crecer, formando nuevos líderes. Es igual a invertir el tiempo en mejorar las habilidades de los demás, hasta el punto de llegar al mismo nivel. Algunas empresas canadienses manejan este tipo de línea, un líder aparece en un campo inhóspito y nuevo, se desarrolla en aquello y se adapta al mercado, busca personas que desean aprender y les enseña, los faculta con herramientas, y así forma un equipo que constantemente se retroalimenta, todos crecen juntos, como resultado se van creando nuevos líderes y simultáneamente crece el número de integrantes al equipo, obteniendo el éxito.

Como mentor el líder debe manejar cualquier situación, ya sea positiva o negativa, y enseñar lo sumo posible a su equipo para alcanzar el anhelado éxito. Hay que te tener en cuenta la relación de cada aspecto con la inteligencia emocional, todo está ligado con el perfeccionamiento del "ser emocional".

Manejo de conflictos: Un gran líder debe saber manejar las situaciones, confrontar problemas cotidianos como los chismes, los conflictos personales, las malas actitudes y las acciones ilegales, son el pan de cada día para algunas empresas. Sin embargo, el buen manejo de los conflictos ayudará al líder a imponer su autoridad y orden. Si no existe la organización y las normas, todos harían lo que les plazca.

Trabajar en equipo: Este aspecto hace parte de la conciencia organizacional como lo estuvimos viendo anteriormente, no obstante, un líder debe ser un mediador entre los miembros del equipo, ser un puente para alcanzar un determinado logro e incluso supervisar que todos estén haciendo su trabajo y si existe falencias lograr apoyar en gran medida a quien lo necesite. El líder debe tomar las riendas de la organización para así mantener saludable el ambiente laboral.

Recordemos que para trabajar en equipo debemos: escuchar opiniones, llegar a un acuerdo, tener una comunicación asertiva, respetar las opiniones, no menospreciar las ideas, tomar el control y sobre todo manifestar inteligencia emocional.

Inspiración: Todo individuo con habilidades de liderazgo debe impregnar de energía positiva a las demás personas, ser una inspiración al cambio, dar aliento en momentos de infortunio y crear un ambiente de transformación. Estas habilidades son una pieza clave para el desarrollo de las fortalezas tanto personales como generales. Los buenos resultados inspiran a los demás a seguir por el mismo camino de quien las obtiene. Por naturaleza la humanidad necesita un líder que sea abierto a sus necesidades, la mayoría busca seguir a alguien con pensamientos comunes o afines. Los emprendedores se relacionan con personas interesadas en emprender y así sucesivamente. Un líder llena de energía y ganas de hacer un sueño realidad a las demás personas.

Como vimos la inteligencia emocional está entrelazado con muchos aspectos de la vida, ya sea empresariales, familiares y personales. Las emociones están en todas partes, por eso hay que aprender a usarlas de la mejor forma posible.

¿Cómo desarrollar la inteligencia emocional en niños?

El ejemplo debe venir de los adultos, un padre saludable emocionalmente hará que su hijo inculca lo mismo. Los niños tienden a imitar lo que los rodea. Por ello si desarrolla las habilidades mencionadas anteriormente como la autoconciencia, la autorregulación, la motivación, la empatía y las habilidades sociales, hará que su hijo crezca con la inteligencia emocional de la mano.

Además, existen algunos juegos de las cuales los niños pueden aprender, por ejemplo, hacer etiquetas con nombres de emociones y los niños puedan hacer gestos o tratar de explicar las emociones a través de sus expresiones faciales, eso hará que entiendan lo que son los sentimientos y su gestión para usarlas en determinados momentos. ¡Innovar con juegos de aprendizaje en los niños, es la mejor manera de enseñarles sobre inteligencia emocional!

Capítulo Cuatro:
La inteligencia emocional en el trabajo

En los capítulos anteriores habíamos visto un pequeño destello acerca de la inteligencia emocional en el trabajo. En este capítulo abordaremos profundamente la relación que guarda este tipo de inteligencia con la parte laboral del individuo, descubriremos que hace diferente a los trabajadores, cuya actitud es totalmente saludable, también el éxito de los mejores líderes en su entorno laboral y cómo esto los ha hecho crecer en todos los aspectos de la vida. Asimismo, exploraremos el uso de la inteligencia emocional para los empleadores, de las cuales desean contratar a personas productivas y capaces, además debatiremos acerca de la importancia que tiene la inteligencia cognitiva y emocional en las empresas y cuál es la más importante.

El ser humano comienza su vida siendo un bebé, a medida que pasa el tiempo se desarrolla y crece; entre los cuatro a once años aquel infante absorbe todo el conocimiento posible, va adquiriendo una personalidad de acuerdo a factores externos y a su propia educación. Llega a la adolescencia y los cambios hormonales comienzan a desarrollar la verdadera personalidad que usará en la adultez, cultivando emociones y determinados temperamentos para las situaciones del día a día. Con la llegada de la juventud la mente se encuentra en el proceso de la madurez, ya aquel individuo tiene muchas habilidades desarrolladas y sabe lo que quiere para su vida. Sin embargo, la inmadurez puede jugarle momentos de inestabilidad emocional, en ese lapso de tiempo la experimentación y la curiosidad por muchos aspectos de la vida crece considerablemente.

Aquel individuo comienza su vida académica en primaria, luego en la secundaria y por último, en la educación superior o universitaria. En los tres niveles, por decirlo de alguna forma, desarrolla habilidades de socialización y cognitivos. Esta fase de la vida para cualquier persona es fundamental, porque es el puente para llegar hacia un futuro prometedor, de la mano con el conocimiento y las habilidades adquiridas en el proceso.

Tanto la inteligencia emocional y cognitiva se encuentran ligados notablemente con el desarrollo normal de cualquier persona, así como opinan muchos estudiosos de esta rama:

El ser humano ha desarrollado unas capacidades cognitivas, lingüísticas y sociales que no tienen parangón en el reino animal, ni siquiera entre sus parientes más próximos, los primates. Estas singulares capacidades le han permitido crear y transmitir la cultura, desde las primitivas herramientas de piedra hasta llegar a las ciencias, tecnologías, humanidades y artes, en la actualidad. El ser humano dispone de unas capacidades mentales que le permiten interpretar y predecir la conducta de los otros. Gracias a estas capacidades las personas nos comunicamos e interaccionamos, producimos y transmitimos la cultura. A su vez, las conquistas culturales, artefactos, símbolos y tradiciones, constituyen el entorno natural para el desarrollo de cada persona. (Emilio García, 2010)

Con esto se demuestra oportunamente que el ser humano es un ser bastante complejo, y que sin duda, posee tres cuerpos fundamentales que encierra lo que es el "ser consciente", una parte mental (cognitiva), otra porción emocional y, por último, la parte de la personalidad. Las tres forman la esencia de los seres humanos en una realidad física y dimensional, cuya interacción fluyen a tal punto de llegar al equilibrio, si cualquiera de los cuerpos sufre, las demás también lo harán. En este contexto, la palabra "cuerpo", lo estamos usando desde un punto metafórico, para referirnos a los grandes rasgos del propio ser. Tanto es la relación de la inteligencia emocional y cognitiva dentro del cerebro, que expertos afirman de la intermediación que realiza nuestras herramientas de pensamientos:

El cerebro humano ha evolucionado para educar y ser educado. Los aprendizajes y enseñanzas, la transmisión cultural y la educación son naturales en el hombre. El cerebro es la conquista evolutiva que hace posibles los diversos tipos de aprendizajes, desde la habituación y sensibilización hasta los procesos cognitivos más superiores, pasando por condicionamiento clásico, aprendizaje operante, imitación, lenguaje. Y también el cerebro es la estructura natural que pone límites a los aprendizajes, determinando lo que se puede aprender, en qué momentos y con qué rapidez. Explicar y comprender los procesos cerebrales que están a la base de los aprendizajes y memorias, emociones y sentimientos, podría transformar las estrategias pedagógicas, y generar programas adecuados a las características de las personas y sus necesidades especiales. (Emilio García, 2019)

¿Por qué es importante saber esto? Sencillamente porque la inteligencia emocional se relaciona con nuestra capacidad de razonar y de aceptarnos como individuos en una sociedad que impone sus leyes, normas y éticas, cuya vida está influenciada por las acciones de las demás personas que conviven en el lugar, asimismo la esencia del ser humano como un ser sociable, se encamina a comprender y a entender los aspectos sociales, biológicos, naturales y científicos.

Continuando con el desarrollo del hombre a un nivel superior, al terminar la secundaria lo embargan tantas dudas para elegir la opción correcta; ¿se guiará por la emoción, la pasión o la opinión de los demás? En pocas palabras, desde el principio el ser humano ha necesitado la inteligencia emocional para tomar las mejores decisiones. Al elegir una carrera y terminarla, la vida laboral se vuelve una realidad... Este es el punto más importante en la vida de una persona, porque la economía se ve afectada con un puesto de trabajo.

Por ese motivo estuvimos explicando e introduciendo lentamente el comienzo del desarrollo humano, porque este se encuentra ligado con el futuro laboral. La vida de trabajo es el último nivel que llega un individuo, desde allí se desencadena su verdadera misión, servir o ser servido, es decir, trabajar para otro o trabajar para sí mismo. El contraste entre empleador y el empleado es una jerarquía común en todas las empresas capitalistas, de allí nace los siguientes temas que estaremos abordando más adelante, y así como lo expresan algunos expertos sobre la importancia de la inteligencia emocional en el trabajo:

La Inteligencia Emocional en el trabajo juega un rol determinante en todos los niveles de la cadena de mando. Si se toman en cuenta las fases diseñadas para comprender el complejo concepto de este tipo de inteligencia, fácilmente se puede asociar con el Liderazgo dentro de las empresas, donde es indispensable una interacción social eficiente para lograr el máximo desempeño de un equipo. Un líder que posea una inteligencia emocional reducida o poco notable, carecerá de la habilidad para gestionar, motivar y dirigir a los miembros de su equipo de trabajo. No podrá verlos como seres humanos que funcionan con base en emociones, sino que, al contrario, los verá como grises peones en un tablero de ajedrez, que funcionan siempre de la misma manera, pase lo que pase, y probablemente su respuesta automática será el enojo y la ira en contra de los empleados y por supuesto, los malos resultados para la organización. (Agustín Bravo, 2019)

Lo anterior fue una introducción acerca del propósito de este capítulo con base en las emociones del entorno laboral. Ahora explicaremos la inteligencia emocional en las dos vertientes, tanto para los empleados y empleadores, esto ayudará a entender cómo manejar una actitud orientada al éxito en el trabajo y la importancia de esta misma con la inteligencia emocional.

Inteligencia emocional: ¿cómo afecta a los empleados?

Con la llegada de las nuevas tecnologías y con el auge de los contenidos virtuales, los empleados deben estar en constante cambio y adaptación con el crecimiento tecnológico. Antes existían puestos laborales básicos, por ejemplo, una empresa estaba regida por un jefe, un grupo de directivos, un departamento financiero, administrativo y de producción de mano obra. Ahora existe todo eso, más un departamento de marketing y publicidad, y no solo eso, las redes sociales han marcado un antes y después en la productividad de la mayoría de las empresas comerciales. Consolidándose el uso de las tecnologías con la producción, actualmente si las empresas comerciales no manejan un eficiente servicio al cliente o una publicidad mediocre, las ventas se pueden ver afectadas notablemente. Por eso, las compañías prefieren empleados con una buena actitud de servicio, prácticamente a las personas positivas y que usan la inteligencia emocional son elegidas para buenos puestos en una compañía.

Por otro lado, existe una publicación por parte del World Economic Forum, en donde hace un contraste de las habilidades demandadas hace cinco años en comparación con la venidera.

Habilidades laborales en 2015:

1)   Solución de problemas complejos.

2)   Coordinación con otros.

3)   Gestión de personal.

4)   Pensamiento crítico.

5) Negociación.

6) Control de calidad.

7) Servicio de orientación.

8) Toma de decisiones.

9) Escucha activa.

10) Creatividad.

Habilidades laborales en 2020:

1) Solución de problemas complejos.

2) Pensamiento crítico.

3) Creatividad.

4) Gestión de personal.

5) Trabajo en equipo.

6) Inteligencia emocional.

7) Toma de decisiones.

8) Servicio de orientación.

9) Negociación.

10) Flexibilidad cognitiva.

Lo anterior, denota que en los últimos cinco años ha cambiado la forma en cómo se estaba manejando las habilidades de carácter laboral. Según observamos la inteligencia emocional y la flexibilidad cognitiva tomaron un puesto importante en la actualidad. Siguiendo este patrón, vale la pena tener en cuenta la opinión de algunos expertos con los cambios graduales de las habilidades corporativas con base hacia el futuro:

La creatividad se convertirá en una de las tres habilidades principales que necesitarán los trabajadores. Con la avalancha de nuevos productos, nuevas tecnologías y nuevas formas de trabajo, los trabajadores tendrán que ser más creativos para beneficiarse de estos cambios. Los robots pueden ayudarnos a llegar a donde queremos ser más rápidos, pero no pueden ser tan creativos como los humanos.

Mientras que la negociación y la flexibilidad ocupan un lugar destacado en la lista de habilidades para 2015, en 2020 comenzarán a caer de las 10 principales a medida que las máquinas, que utilizan grandes cantidades de datos, comiencen a tomar nuestras decisiones por nosotros. Una encuesta realizada por el Consejo de la Agenda Global del Foro Económico Mundial sobre el Futuro del Software y la Sociedad muestra que las personas esperan que las máquinas de inteligencia artificial formen parte de la junta directiva de una compañía para 2026. (Alex Gray, 2016)

También, el mismo autor confirma la reivindicación de la industria frente un mundo globalizado y tecnológico:

La naturaleza del cambio dependerá mucho de la industria misma. Los medios globales y el entretenimiento, por ejemplo, ya han visto un gran cambio en los últimos cinco años. Sin embargo, el sector de servicios financieros y de inversión aún no se ha transformado radicalmente. Aquellos que trabajan en ventas y fabricación necesitarán nuevas habilidades, como la alfabetización tecnológica.

Algunos avances están por delante de otros. Internet móvil y la tecnología en la nube ya están afectando la forma en que trabajamos. La inteligencia artificial, la impresión 3D y los materiales avanzados aún se encuentran en sus primeras etapas de uso, pero el ritmo de cambio será rápido. El cambio no nos esperará: los líderes empresariales, los educadores y los gobiernos deben ser proactivos en la capacitación y capacitación de las personas para que todos puedan beneficiarse de la Cuarta Revolución Industrial. (Alex Gray, 2019)

Por ello, el empleador que mira a largo plazo su futuro debe acoplarse con el desarrollo de la inteligencia emocional en todos los ámbitos, como hemos aprendido en capítulos anteriores, debemos trabajar el ser y el hacer, de tal forma que podamos llegar a ser los mejores en nuestros puestos laborales, si somos capaces de cambiar, los demás nos verán como una inspiración.

10 consejos para mejorar la inteligencia emocional en el trabajo

A continuación se muestran algunos consejos para los empleados, de esta forma los trabajadores comprenderán la importancia de cultivar una eficiente actitud positiva y una inteligencia emocional elevada.

Consejo 1: Ejercita tu cuerpo

La buena alimentación y el ejercicio matutino ayuda notablemente a la hora de tomar decisiones, si tenemos tranquilidad y paz podemos desarrollarnos en cualquier actividad designada e incluso dar el 100% en los deberes estipulados. Si el cuerpo se encuentra en buenas condiciones, la parte emocional estará en constante equilibrio.

Un consejo es realizar pausas activas cuando nos encontremos con la misma postura, puesto que el propio cuerpo se resiente y luego vienen los dolores musculares agudos, de las cuales nos pueden bloquear a la hora de trabajar. Por lo menos mover los dedos, estirar las piernas, mover las muñecas y descansar la vista por varios minutos. Una adecuada ejercitación del cuerpo físico tendrá como resultado una excelente actitud y un buen desempeño laboral.

Consejo 2: Desarrolle sentimientos, no solo pensamientos

Mostrar una cálida sonrisa, tratar de conocer a los demás y sus emociones, nos hará entender acerca de la diversidad de la vida. Tener la disposición de conocer a otras personas nos transformará en seres empáticos, tal vez consigamos un nuevo amigo. Muchas personas tienen el don de ser consejeros, por lo tanto, están abiertas a escuchar los problemas de los demás y a sugerir una solución acertada respecto a esta.

Esto nos brindará una sensibilidad humana, e incluso seremos capaces de irradiar una confianza absoluta, por ende, nadie intentará mentirnos y mucho menos engañarnos, porque sencillamente nos ven como personas abiertas al diálogo y a la comprensión.

Consejo 3: Limite sus emociones

En muchas ocasiones nos vemos involucrados en apegos emocionales, un buen empleado tiende a ser un excelente profesional en su lugar de trabajo, deja los problemas en su casa y concibe una nueva mentalidad en el nuevo entorno. También es natural la formación de grupos de compañeros en el ambiente, incluso los chismes pueden ser el pan de cada día, sin embargo, la idea es que mantengamos una actitud profesional, sin caer en choques contra otros compañeros y mucho menos hablar mal de ellos. Es mejor estar al margen frente a conflictos negativos, limitar nuestras emociones nos hará forjarnos en nuestros propios objetivos y no ser el "tóxico" de la empresa, por decirlo de alguna forma.

Consejo 4: Tome decisiones cuando este seguro

Cuando esté completamente seguro de los datos, es el momento para tomar una buena decisión, pero realmente debe sentirse lleno o seguro de la decisión a tomar, tengamos en cuenta que la mayor satisfacción es hacer lo que realmente nos motive y nos mantenga en tranquilidad. Porque si realizamos algo que nos puede afectar emocionalmente, es considerable no hacerlo, puesto que la propia conciencia tomará su lugar y no nos dejará en paz. Analizar las decisiones nos hará ser trabajadores sensatos y con una integridad intachable, lo importante es velar por el bienestar de nuestro trabajo, obviamente sin perder nuestra propia dignidad.

Consejo 5: Cultive la flexibilidad

Ser flexibles es la capacidad de adaptarse a los cambios abruptos, para entender este aspecto lo ilustraremos con un pequeño ejemplo:

Una mujer X trabaja en una de las empresas más importantes a nivel global, se encarga del diseño gráfico de los productos en la tienda virtual, su jefe se acerca a ella para sugerirle de algunos cambios en los diseños, a pesar de que la mujer X trabajo por muchos días en dichos diseños, la inteligencia emocional la hará ser flexible frente a las críticas constructivas, de esta forma aceptará sus errores y cambiará de manera oportuna los diseños con los requerimientos establecidos.

Es allí en donde nuestra forma de actuar determinará si somos buenos empleados, cuya finalidad es cumplir con nuestros deberes.

Consejo 6: Comience siempre por los comentarios positivos

La mayoría de las personas valoran mucho las opiniones positivas, si alguien realiza un trabajo y no quedo como esperábamos, es mejor felicitarla por su esfuerzo y luego pedirle que mejore dicho trabajo. De esta forma el peso del fracaso se verá reducido notablemente. Las personas con un alto nivel emocional siempre observan con positivismo cualquier trabajo realizado por los demás, así estos felicitan con fraternidad los esfuerzos realizados y finalmente incitan a la mejora consecutiva del trabajo.

Es bueno que intentemos no subestimar a alguien y mucho menos ser hipócritas, la sinceridad es la clave para hacer mejorar a los demás, sin embargo, hay que tener mucho cuidado en cómo expresarlo.

Consejo 7: Intente resolver los conflictos lo más pronto posible

Dejar que el tiempo cure las heridas y se encargue de poner a los demás en su puesto no es tan recomendable. Si hemos tenido algún conflicto con un compañero, es razonable solucionar los problemas lo más rápido posible, puesto que a menudo si dejamos pasar el tiempo, el rencor crece rápidamente, no podemos dejar nada a medias y mucho menos ignorar los conflictos.

La mayoría de los problemas personales se arreglan en el menor tiempo posible y a través de una comunicación asertiva, enfrentar alguna nefasta e incómoda situación en el tiempo indicado, nos ayudará a potenciar nuestra inteligencia emocional en el trabajo y ser mejores compañeros.

Consejo 8: Escuche con empatía

Este aspecto ya lo habíamos mencionado en capítulos anteriores, sin embargo, ¿cómo usar la empatía en el trabajo? Pues de manera general saber escuchar nos ahorrará muchos problemas e incluso de malas interpretaciones cuando estemos hablando con nuestros jefes, clientes y compañeros de trabajo. Poner en práctica la empatía desarrollará el "saber-hacer", en el sentido de tener conocimiento sobre las emociones de los demás, así sabremos qué quieren en realidad.

La empatía nos brindará una comprensión instantánea de lo que alguien está diciendo, así que es recomendable no intentar ahorrar tiempo indagando en lo que vamos a decir, mientras que otra persona está hablando, eso no es escuchar sinceramente.

Consejo 9: Controle el estrés

La razón por la que debemos controlar el estrés, es por el simple hecho de que esta nos puede bloquear e incluso bajar nuestra productividad en la empresa, y es así como la organización mundial de la salud explica acerca de las incidencias negativas del estrés en la vida laboral:

El estrés laboral es la reacción que puede llevar al individuo ante exigencias y presiones laborales que no se ajustan a sus conocimientos y capacidades, y que ponen a prueba su capacidad para afrontar las situaciones. Aunque el estrés puede producirse en situaciones laborales muy diversas, a menudo se agrava cuando el empleado no recibe suficiente apoyo de sus supervisores y colegas, y cuando tiene un control limitado sobre su trabajo y la forma en que pueda hacer frente a las exigencias y presiones laborales. (Organización mundial de la salud, 2004)

Como empleados debemos identificar las causas del estrés, entre ellas se encuentran: tareas monótonas y aburridas, falta de variedad, tareas desagradables, exceso de trabajos, tareas con tiempos estricto de entrega, horarios inflexibles, extensión del horario (horas extras), sistemas de turnos mal concebidos, tratos violentos por parte del empleador, mal ambiente laboral y poca comunicación empresarial.

Además, hay que identificar los síntomas del estrés, es indispensable reconocerlos para así tomar el control de nuestras emociones. Síntomas del estrés: angustia e irritabilidad, falta de concentración y relajación, dificultad para pensar, perder la pasión por su trabajo, tener sentimientos de tristeza, cansancio y depresión, tener insomnio y enfermarse a cada rato. Por eso debemos tener mucho cuidado con el estrés, porque puede afectar considerablemente nuestra productividad en la empresa y una mala actitud puede ocasionar hasta nuestro despido.

Consejo 10: Sea usted mismo

No intente aparentar lo que no es en su lugar de trabajo, puesto que la honestidad y la transparencia juegan un papel fundamental en la forma en cómo nos ven las demás personas. Tampoco intente ser el hombre o la mujer perfecta para impresionar, como siempre lo hemos repetido en los párrafos de este libro, hay que aceptar que nadie es perfecto y que todos tenemos una debilidad, del cual se puede mejorar con la inteligencia emocional.

Ser un excelente empleado es hacer las actividades por las cuales fuimos contratados, sin perder nuestra propia integridad. Recordemos que si hay un problema, debemos expresarlos; saber lo que deseamos con nuestro trabajo, conocer nuestro desempeño en el entorno laboral, también ponernos en los zapatos de los demás, incluyendo comprender a nuestro jefe, sin caer en juzgarlo.

Recordemos que para hacer un buen empleado y usar debidamente la inteligencia emocional, debemos tener en cuenta lo siguiente:

1) Hablar cuando exista un problema.

2) Saber la razón del trabajo.

3) Identificar la forma y el rendimiento laboral.

4) Entender y mostrar empatía al jefe y demás superiores.

Además, toda organización es como un ser viviente, por lo tanto, como empleadores debemos tener los ojos bien abiertos para saber todo acerca de la empresa en que nos desarrollaremos como profesionales, incluso los objetivos de producción de la organización; siempre tenemos que analizar si estamos a gusto con nuestro entorno, y si existe algún conflicto, e igualmente hablar sobre ello, para una pronta solución.

¿Cómo ser un buen compañero de trabajo? Para responder esta pregunta debemos analizar esta afirmación de algunas organizaciones adiestradas en la temática:

Ser un buen compañero de trabajo es en gran medida una cuestión de contribuir a la moral del lugar de trabajo y al espíritu de equipo. Puede parecer preferible apegarse a usted mismo y simplemente hacer su trabajo, pero las personas que intentan esa táctica a menudo descubren que sus propios intereses y los de la organización sufren como resultado. Desafortunadamente, cultivar buenas relaciones con sus compañeros de trabajo puede ser un desafío. No todos lo verán como un compañero y, a su vez, no se sentirá abierto y confiado en todas las personas con las que trabaje. (HelpGuide)

Es en ese instante en donde los compañeros de trabajo deben intentar todo lo posible por trabajar en equipo, de esta forma la productividad aumentará y los lazos de hermandad subirán lo sumo posible para beneficio de ambas partes. Ya hemos conocido que cuando en una organización existe un ambiente pesado y tóxico, las cosas no salen adecuadamente, esto puede ocasionar cambios abruptos en las tareas generales y los empleados empezarían a distraerse de sus labores.

Las siguientes recomendaciones son factibles para ser mejores compañeros de trabajo:

1) No hacer suposiciones sobre los demás.
2) No esperar que los demás sean sinceros.
3) Colocar límites frente a los lazos emocionales con compañeros de trabajo.
4) Ofrecer ayuda.
5) No tomarse todo de manera personal.
6) Cultivar capacidades de solución de conflictos.
7) Escuchar activamente a los compañeros de trabajo.
8) Evitar dramas en la oficina.
9) Prestar atención en cómo tratamos a los demás.

10) Mantener una actitud positiva frente a los compañeros de trabajo.

Además de las pautas anteriores, hay que considerar dos consejos de suma importancia, concebidas desde dos puntos de vista. En primera instancia, podemos encontrar la opinión del primer analista:

Un empleado con una buena inteligencia emocional no tendrá inconvenientes para realizar sus funciones bajo presión ni se dejará gobernar por sus sentimientos en los momentos difíciles. Además, esta habilidad, al ser sumamente valorada por los jefes, incrementa las probabilidades de lograr un ascenso laboral.

Por estos motivos, la inteligencia emocional es una habilidad que debe ser fomentada constantemente por los altos cargos de una empresa. Al hacerlo, estarán asegurando un elevado nivel de satisfacción laboral entre sus trabajadores, lo que representa mayores cuotas de productividad y un personal motivado. (Luis Calderon, 2019)

Es claro la importancia de la inteligencia emocional para los empleados, la mayoría de los autores están de acuerdo con la gran puesta en marcha de las emociones en el ámbito laboral, así como lo expresa HelpGuide, ya antes mencionada por sus aportes frente al tema:

Los empleados pueden evitar que se forme una atmósfera tóxica de "cada persona para sí mismos" al extender ofertas empáticas para ayudar, mantenerse alerta ante las oportunidades de rendir cuando un problema es más importante para otra persona que para ellos mismos, y simplemente mostrar interés en el trabajo y la vida de los demás. Evita los chismes y las camarillas. Ambos crean tensión y desconfianza, bajan la moral y reducen la productividad.

¿Cómo sabemos si tenemos un bajo nivel de inteligencia emocional como empleados? Veamos los siguientes síntomas:

1) Desempeñar siempre el papel de víctima.

2) Mantener una comunicación pasiva o agresiva.

3) Negarse a trabajar en equipo.

4) Criticar a los demás.

5) No abrirse a las opiniones de los demás.

Los síntomas o actitudes anteriores es una clara muestra que nuestra inteligencia emocional se encuentra por el suelo, y que debemos mejorarla para aumentar nuestra productividad laboral. Además, la inteligencia cognitiva también juega un papel fundamental a la hora de responder ante las críticas y mantener una excelente actitud, puesto que por lógica sabemos que si tenemos actitudes positivas, como resultado obtendremos beneficios positivos.

A continuación, veremos todo acerca del uso de la inteligencia emocional para los empleadores y cómo esta se puede usar a la hora de contratar personal capacitado tanto emocional y cognitivamente.

La inteligencia emocional en los empleadores

Es momento de analizar la forma en que los empleadores deben usar la inteligencia emocional de manera práctica y cómo los líderes deben mostrar un buen ejemplo delante de los empleados. La cabeza de una empresa es sin duda el dueño, y de allí se engloba los diferentes jefes de cada departamento, ya sea el administrativo, financiero, el de marketing y publicidad, el de atención al cliente, seguridad en el trabajo, y otros departamentos, dependiendo del tamaño de la empresa. Todo líder debe ser empático y abierto a las nuevas posibilidades e incluso adaptarse a la personalidad de sus empleados.

A continuación, se presenta algunos consejos indispensables para cultivar la inteligencia emocional por parte de los empleadores:

Anticipación a los problemas de la oficina

Como hemos expresado anteriormente, el uso de la empatía es determinante a la hora de anticiparse a los problemas del ambiente laboral, ¿por qué? Sencillamente porque al empleador comprender y conocer las personalidades de sus subalternos, podrá discernir en las mejores opciones para la tranquilidad de la oficina, conviene que nos preguntemos: ¿es factible cambiar de departamento a alguien?, ¿cuál es la actitud de los empleados cuando se despide?, ¿una reorganización de labores hará que crezca la productividad?, ¿son los trabajos gratos para los empleados? Y, ¿existe una organización en los horarios asignados?

Sea el primero en intervenir

Muchas veces el empleador se verá obligado a realizar reuniones importantes en donde se aborden problemáticas de la empresa, el líder siempre debe mantener una imagen de liderazgo y mantener un carácter fuerte, pero abierto a opiniones diferentes. Nunca se debe mostrar debilidad y mucho menos aceptar faltas de respeto, porque así los empleados querrán hacer todos sus antojos, sin importarles nada. Por ejemplo: si el líder es débil y con poco carácter, los empleados entregarán sus trabajos cuando quieran, llegaran tarde, saldrán a la hora que deseen, si no quieren trabajar no lo hacen, se inventarán excusas médicas falsas para faltar al trabajo e ignoraran las opiniones de aquel jefe.

Por el contrario, si el jefe posee cualidades de liderazgo y un carácter firme, los empleados entregaran sus labores en el tiempo establecido, harán todo lo posible por llegar puntual, pocas veces faltarán al trabajo, estarán pendiente a sus opiniones y consideraciones, se mantendrán atentos y terminarán sus responsabilidades.

Por ese motivo, el líder debe tomar la vocería en las reuniones, hablar honestamente con el personal sobre posibles errores e invitar a que opinen. Si se da el caso de que algún empleado siente descontento frente a las directrices, es importante acercarse y solucionar la cuestión.

Mejore el nivel de los empleados

Todo líder tiene la facultad de ser un puente hacia el progreso y la mejora de actitudes para una mayor eficiencia de sus trabajadores. Por ello es necesario que el empleador analice las fortalezas de sus empleados, y de esta forma tener las herramientas necesarias para mejorar sus déficits, sin embargo, vale la pena recalcar que no le vamos a decir al trabajador sobre sus debilidades de forma seca o incluso ofensiva, sino más bien, debemos alagar al empleado por sus esfuerzos por mejorar y por último, comentarle de forma asertiva de los detalles que puede trabajar para su progreso; y el proceso que usaremos para ayudarle en ese aspecto.

Flexibilidad y adaptabilidad

La flexibilidad y la adaptabilidad son esenciales a la hora de llevar una organización. Cuando el líder es flexible, entonces existirá una oportunidad para concebir ideas diferentes, tener amplitud en las decisiones y no encaminarse de forma terca a una en particular, de esto nace el saber escuchar a los demás e incluso entender sus perspectivas y puntos de vista. Un líder tiene la cualidad de entender que cada persona es diferente y que existen distintas circunstancias para sugerir un tema. Por otro lado, la adaptabilidad se relaciona con el hecho de adaptarse a los cambios repentinos de la oficina e igualmente al trato de personalidades diferentes.

Por ejemplo, no es lo mismo tratar a alguien con un carácter fuerte y a otro un poco débil, o relacionarse con una persona sensible y emocional, contra otra tosca y simple. El líder siempre debe tener presente eso, e incluso habrá clientes o inversionistas serios y otros divertidos.

La inteligencia emocional lo hará comprender en cómo actuar en las diferentes circunstancias, por ejemplo, en el primer caso de un cliente o inversionista divertido, el líder tratará lo sumo posible de caerle bien y seguirle la corriente, porque en los negocios influye mucho el lazo emocional de las personas. ¿Se ha preguntado de donde sale el éxito de los mejores negociadores? Pues sin duda, de la inteligencia emocional.

Cultive a los trabajadores empáticamente

Este último consejo es sumamente importante, ya que cultivar lazos fraternales con los trabajadores mejorará considerablemente el ambiente laboral, pero esto no quiere decir que deba mimarlos, sino más bien, llevárselas bien con los trabajadores que tantos esfuerzos hacen para mantener una buena producción. Así lo expresan algunos autores:

A pesar de lo que creen algunos gerentes, puede escuchar a sus empleados y mostrar preocupación por sus sentimientos sin tener que preocuparse por ellos. Recuerde, la empatía es diferente de la simpatía, y debe mantenerse en sintonía con sus propios sentimientos mientras intenta comprender los de ellos. Con un EQ alto, podrá interrumpir una conversación sincera antes de que sea improductiva e interfiera con sus propios objetivos, sin ofender a su empleado. (Jeanne Segal)

Inteligencia emocional a la hora de contratar

A la hora de contratar el personal es preciso que el empleador realice una planificación del personal, de esta forma debe tener en cuenta aspectos como turnos del personal, calidad, habilidades de los trabajadores, estrategias a largo plazo, herramientas tecnológicas y un ambiente laboral cómodo. También la definición del perfil para cada puesto, debe estar debidamente estructurado.

En el proceso de contratación, y en este caso está bajo la obligación de recursos humanos dicha contratación para empresas grandes, pero para las empresas medianas y pequeñas usualmente el jefe es el encargado de tal selección, junto a su grupo de personal. Para realizar la selección adecuada hay muchos métodos, entre estos se encuentran: la entrevista, el curriculum, los test de habilidades, las medidas de personalidad, las referencias y los test cognitivos.

El proceso de contratación se divide en cuatro fases:

1) Planificación de personal.
2) Reclutamiento.
3) Selección.
4) Integración.

Si queremos usar la inteligencia emocional a la hora de contratar, debemos tener en cuenta los siguientes puntos:

1) Realizar un auto-informe a los candidatos.
2) Realizarles una prueba de habilidad a los candidatos.
3) Usar el MEITPRO (Mobile Emotional Intelligence Test), es una prueba digital que mide la inteligencia emocional de la persona.

Así como lo expresan algunos autores sobre la contratación de personal:

Antes de llevar a cabo una propuesta para seleccionar personal es imprescindible saber cuáles son las medidas para evaluarla. Tras un análisis del concepto y la historia de la Inteligencia Emocional, para poder mejorar nuestras competencias emocionales, previamente, se debe realizar una evaluación que nos permita conocer en qué aspectos destacamos y en qué aspectos podemos mejorar. (González, Peñalver y Bresó, 2011)

Por tal motivo y como conclusión el MEITPRO es la mejor alternativa a la hora de medir el nivel de inteligencia emocional de los candidatos. ¿Cómo funciona el MEIRPRO? Pues bien, cuando el individuo finaliza la prueba, automáticamente se mostrará los resultados en ambas partes de cada nivel de competencia: baja, media y alta.

Si el resultado es menor a 85 puntos se verá resaltada de naranja, entonces es recomendable que dicho candidato mejore esa parte. Por consiguiente, de 86 a 115 se mostrará azul, esta es una calificación media, y esto quiere decir que el individuo tiene una buena capacidad, pero puede mejorarla. Por último, una calificación por encima de los 115 puntos, de las cuales se apreciará de color verde, quiere decir que el individuo ha alcanzado un nivel alto en una determinada competencia.

A continuación, veremos cómo usar la inteligencia emocional en la resolución de problemas, a través de diversos ejemplos y situaciones cotidianas de la vida diaria, esto nos ayudará a identificar las situaciones con ayuda de algunos casos de la vida real, de esta forma crecerá nuestro nivel emocional, a tal punto que los demás notarán nuestros cambios y querrán imitarnos. Así seremos una inspiración para nuestros seres queridos, amigos, hijos y nuestras parejas.

La inteligencia emocional en la resolución de problemas

Todos tenemos problemas y conflictos que nos aquejan, la vida misma está atravesada por algunos obstáculos que en muchas ocasiones nos hacen tambalear. Podemos tener discordias con amigos, compañeros de trabajo, con nuestros padres, hermanos y todas las demás personas que nos rodean. ¿Qué es un problema? Un problema desde el punto de vista social, son todas las acciones negativas que perjudican a un individuo, en donde no hay una visualización completa y sustancial de la realidad, también hay cierto tipo de comunicación agresiva por parte de alguna de las partes, en este caso nos estamos refiriendo a los problemas de carácter personal.

Por ese motivo, es necesario una respuesta contundente frente a este tipo de conflictos dañinos, de las cuales puede perjudicar considerablemente nuestra parte emocional. Porque sentimientos de ira, furia y rabia pueden atrapar nuestro corazón, hasta el punto de hacernos perder todo lo avanzado con nuestra inteligencia emocional. Para poder estar preparados frente a este tipo de circunstancias, hay que observar la realidad, por ello hemos creado una serie de casos, con el fin de identificar la forma en que debemos actuar frente a momentos cruciales para nuestra vida emocional.

Veamos los siguientes casos para encontrar e identificar los mecanismos necesarios para tomar el control de las situaciones incómodas que se dan en la vida diaria.

Caso 1: Conflictos con los vecinos

Fernando vive en una ciudad pequeña de España, tiene dos hijos y una maravillosa esposa. Trabaja de lunes a viernes en una empresa de alimentos como contador, por eso llega cansado a casa. Un martes por la noche su vecino de al frente saca a pasear a su perro, llega hasta el jardín de Fernando, entonces el perro hace sus necesidades en dicho lugar. La esposa de Fernando se percata de la situación y sale a reclamarle al vecino sobre la acción realizada en su propio jardín. El señor también le contesta groserías y actúa violentamente contra la mujer. ¿Qué debería hacer Fernando?

Es muy difícil de responder esa pregunta si no tenemos una inteligencia emocional alta, puesto que cualquier persona respondería que Fernando debería ensancharse contra su vecino, y arreglar las cosas de la misma forma en que este actúa. Sin embargo, si usamos la inteligencia emocional como Fernando, nos daríamos cuenta que la forma de manejar la situación es teniendo un diálogo asertivo, preguntarle al vecino acerca de las razones de haber aceptado que su perro hiciera sus necesidades allí. Por ende, él fuese tranquilizado a su esposa y a su vecino. La solución es que el señor recoja las necesidades de su perro sin llegar a problemas serios.

Caso 2: Conflictos con familiares

Rebeca es una veterinaria residente de la ciudad de Madrid, ella todos los diciembres visita a su familia en los Estados Unidos. Le encanta pasar tiempo con su madre y hermanos, todos de reúnen en un entorno navideño. Sin embargo, su hermana mayor tiene cierta rivalidad con ella, siempre intenta humillarla frente a los demás. Rebeca no aguanta sus comentarios negativos y un año antes tiene una discusión fuerte con ella, desde allí nunca más se hablaron. Al año siguiente, Rebeca observa a lo lejos a su hermana mayor, esta se sienta y comienza a mirarla, luego ella le dice en el oído algo a su otro hermano y este se ríe, mientras que mira fijamente a Rebeca. ¿Qué debería hacer Rebeca?

La solución es que Rebeca debería acercarse a solas a su hermana y entablar una conversación con ella, si es necesario pedirle disculpas por las situaciones anteriores. Así su hermana sabrá que por parte de Rebeca no existe ningún rencor. Ella se dará cuenta de la actitud pacífica de su hermana, por consiguiente, mejorará a corto plazo su relación.

Caso 3: Conflictos con amigos

Michael es un hombre extrovertido y sociable, tiene amigos de todos los tipos. Él tiene la costumbre de ayudar a sus amigos en lo que necesiten. Un día un amigo le pide dinero, y Michael le presta, sabiendo que él ha tenido problemas con los demás a causa de préstamos. Después de varios meses Michael tiene problemas económicos, vende algunas cosas de valor, porque no consigue trabajo. Así este recuerda que le prestó dinero meses atrás a un conocido, entonces Michael se comunica con él, en ese instante su amigo le dice que le va a pagar. Los días pasan y Michael continúa insistiéndole acerca de la deuda, pero su deudor insiste que se lo pagará pronto. Siguen las semanas pasando y Michael no recibe respuesta.

Michael decide ir a la casa de él, pero este se esconde y no sale. Luego le escribe unas groserías por una red social, este le responde groseramente y terminan bloqueándose ambos. ¿Estuvo bien la actitud de Michael? ¿Vale la pena perder una amistad por dinero? En este caso, existen varias respuestas. La primera es que Michael debió anticiparse a la situación, él ya sabía que su amigo era irresponsable con las deudas, por lo tanto, podría haber usado alguna excusa para no prestarle y así evitar conflictos. Otra opción es que Michael tenía que olvidar el asunto del préstamo a la tercera vez de cobrarle, ya que él sabía perfectamente la actitud de su amigo.

Caso 4: Conflictos con compañeros de trabajo

Samanta trabaja de lunes a sábado como asesora comercial en un hotel prestigioso. Ella es muy querida y siempre intenta mantener relaciones interpersonales activas, habla con la mayoría de sus compañeros. Sin embargo, un día ingresa una compañera nueva en el grupo. Samanta y sus compañeras de trabajo están reunidas en una mesa, la chica nueva intenta acercarse al grupo, pero estas actúan de forma déspota con la mujer, entonces ella se aísla. Samanta observa esa reacción de manera reprochable, pero no dice nada. En la conversación del grupo comienzan a criticar la forma de vestir de la chica nueva y empiezan a hablar mal de ella. Samanta también se ríe de las burlas y participa activamente en la conversación, sacando hipótesis sobre la chica.

Después de varios días, Samanta tiene la oportunidad de conocer a la chica nueva, y esta le cuenta todo acerca de las burlas y los comentarios negativos que hacen sobre ella en la oficina. ¿Qué errores tuvo Samanta? En primer lugar, Samanta no tenía porqué participar y criticar a su nueva compañera y mucho menos suponer cosas irreales sobre ella, Samanta debió mantenerse neutral y tomar la vocería para hacerles saber a sus compañeras que no estaba bien hablar mal de los demás. En segundo lugar, Samanta tuvo el error de comentarle a su compañera de las burlas hacia su persona, puesto que está fomentando el chisme y el ambiente laboral negativo.

Por último, Samanta tenía la oportunidad de conocer a fondo a su compañera nueva e integrarla al grupo, recordemos que una simple acción positiva puede cambiar todo el panorama.

Caso 5: Conflictos con padres

Roberto tiene 22 años, estudia en la universidad y aún vive con sus padres, él no trabaja. Sin embargo, muchas veces llega a su casa en la madrugada borracho y con golpes en su cuerpo. También él tiene la costumbre de fumar. Sus padres son creyentes y estrictos con él, todos los fin de semanas Roberto discute con sus padres de forma violenta, él no hace caso y quiere vivir la vida como se le da la gana.

Sus padres están decepcionados de Roberto. No obstante, él siente que no lo entienden. ¿Cuál es la solución? Este tipo de situaciones son tan comunes, puesto que en la juventud se hacen cosas sin pensar. Pero Roberto si tiene una alta inteligencia emocional, entenderá que sus padres quieren lo mejor para él. Una forma es ponerse en los zapatos de sus padres, para así entender sus preocupaciones, también las consecuencias que conllevan sus acciones. Roberto debe aceptar sus circunstancias y adecuarse al estilo de vida de sus padres, no olvidando su propia esencia, si él quiere seguir con su actitud, pues tiene la opción de independizarse y tomar sus propias decisiones.

Caso 6: Conflictos con hijos

Usando el ejemplo anterior, desde la perspectiva de los padres, la recomendación es que ellos deben dialogar con el joven, para así entender del porqué de sus actitudes. Usualmente cuando un joven comienza a hacer cosas inapropiadas es porque realmente está atravesando un periodo de incertidumbre e incluso de depresión. Por eso, lo primordial es descubrir e identificar su salud mental, física y emocional, para de esta forma poder ayudarlo. Por otro lado, la sobreprotección y la dictadura puede llevar al joven al estrés, tanto que del fastidio esté haciendo cosas negativas, por el simple hecho de sentirse prisionero. En conclusión, los padres deben analizar las conductas de estos contra sus hijos, así podrán identificar las debilidades y fortalezas de su retoño.

Como consejo podemos tener en cuenta las opiniones de algunos especialistas referente a la responsabilidad de los padres con sus hijos:

Como he mencionado anteriormente, podemos ayudar a nuestros hijos/as a progresar emocionalmente con cualquier asunto; animarlos a extraer consecuencias de sus interrelaciones, de sus dificultades, de lo que les asusta, de sus aciertos, de sus proyectos. Ayudarlos a transitar las distintas vicisitudes y traducirlas en experiencia consciente. Como progenitores debemos explorar nuevos caminos para crear un vínculo satisfactorio con nuestros hijos/as. Cualquier revisión de nuestro proceder nos permite un trabajo, una implicación emocional que siempre nos aporta beneficios a corto plazo. (Carmen Sanjuán, 2014)

Caso 7: Conflictos en las redes sociales

Gustavo es un apasionado por las redes sociales, diariamente revisa su cuenta y participa activamente en diversos grupos. Un día él comenta una publicación, usando su perspectiva y punto de vista. De pronto, alguien responde su comentario de forma grosera y lo ofende. Gustavo siente una fuerte cólera en su corazón y decide también caer en la misma actitud que su rival. Empiezan comentarios violentos, hasta el punto de ambos amenazarse de muerte. Luego, la conversación se dirige hacia mensajes, continúan discutiendo violentamente y, de forma sorpresiva Gustavo termina bloqueando al sujeto. Después de varios días, en las redes sociales sale la foto de Gustavo en donde hablan mal de él.

¿Gustavo podía evitar la situación? Pues la respuesta es bastante clara, él no tenía porque seguir con la discusión y muchos menos contestar frente a las ofensas. Usando la inteligencia emocional debió decir un comentario como "respeto tu opinión", "gracias por comentar, pero cada persona es diferente". Si el sujeto seguía atacando, Gustavo tenía la facultad de ignorar cualquier comentario dañino e incluso hubiese optado por bloquearlo.

Caso 8: Conflictos con la pareja

Carmen lleva 5 años de casada con Gilberto, ambos han tenido una vida tranquila y feliz hasta ahora, sin embargo, últimamente Gilberto actúa extraño y se ha apartado lentamente de ella. Carmen observa que él se la pasa chateando con su celular a cada rato, se ríe solo y se acuesta tarde pendiente de su aparato electrónico. Ella está molesta por las actitudes de su marido, hasta que un día revisa el aparato y se da cuenta de todo. Ella no sabe cómo actuar, su marido le está siendo infiel con una mujer más joven, ella lo ama y no desea dejarlo, sin embargo, los celos y el enojo sacan partida de la situación.

Cuando llega su esposo a casa, ella le grita y lo ataca violentamente, Carmen no escucha explicaciones y lo saca de la casa. Él se va y después de un tiempo regresa con papeles de divorcio y la constancia de que la mitad de la casa es suya.

Este caso es complicado de predecir, por el simple hecho de que la actitud de Carmen es completamente normal y entendible. Sin embargo, ella cometió un error, debió controlar sus emociones y de esta forma cuando llegase su esposo, tomar el control de la situación y dialogar acerca de su relación. De esta forma, todo quedaría claro para la pareja e incluso Carmen hubiese comprendido el porqué de la infidelidad de su esposo.

Caso 9: Conflictos con los superiores

Alejandra es una cajera de un supermercado conocido en la ciudad, ella es excelente en su trabajo, lleva más de 6 meses en su puesto. Sin embargo, ella se la pasa chismoseando con sus compañeras e incluso habla mal del administrador. Un sábado, Alejandra tiene problemas con un cliente y el administrador se entera, él la llama a su oficina para hablar.

La actitud de Alejandra es repulsiva, atrevida y terca, no escucha a su superior, réplica a los consejos del administrador. Él se percata de su actitud. Cuando finaliza el contrato, Alejandra tiene la ilusión de que se lo van renovar, pero desafortunadamente no lo hacen. Así los meses pasan y Alejandra manda su hoja de vida a otro supermercado, teniendo como referencia laboral la empresa anterior. La de recursos humanos observa la hoja de vida de Alejandra y llama a la empresa en las cuales ella laboró anteriormente, pero el administrador contesta y dice la verdad.

Con el caso anterior, podemos darnos la idea de lo importante que es mantener una imagen intachable frente a los superiores, porque nuestros puestos se deben a ellos, y es necesario respetar la autoridad, así nos escapamos de malos comentarios y malas referencias.

Caso 10: Conflictos con desconocidos

Fernando es un prestamista distinguido, siempre se mantiene de aquí para allá prestando dinero y concretando negocios. Un día mientras iba manejando su carro, recibe un golpe fuerte en la parte de atrás. Él se detiene y decide bajarse del auto a ver lo sucedido y se percata de que dicho golpe le ocasionó una grave lesión al auto. El otro conductor también decide bajarse de su auto y emprende una discusión con Fernando, hasta el punto de que este lo amenaza con darle una golpiza si lo sigue molestando con el accidente.

En otro lugar, la señora Patricia se monta en un transporte público, ella tiene una avanzada edad. Pero nadie quiere darle el puesto, otra anciana protesta contra el señor que se encuentra sentado, y este la arremete con palabras ofensivas. Todos comienzan a discutir porque nadie quiere darle el puesto a Patricia.

Como vemos los dos casos suceden en la vida real, en el primero notamos la conducta por parte de los demás, en este caso del señor que golpeó el auto de Fernando. Si es muy alta la inteligencia emocional, entonces Fernando pudiese haber optado por llamar a las autoridades competentes para arreglar el problema, así fuese controlado la situación, también podría no seguirle la corriente al sujeto.

En el segundo caso, si el señor que iba sentado en el puesto hubiese sido amable en otorgarle el puesto a la señora Patricia por encontrarse en estado de vulnerabilidad, al ser una anciana; la situación no hubiese pasado a mayores. A veces las cosas se encuentran a la merced de las decisiones de los demás, es allí en donde nos preguntamos si hacemos el esfuerzo necesario para intentar solucionar los conflictos que se presentan.

Los casos anteriores fueron una clara muestra de las situaciones de la vida diaria, en donde convergen circunstancias propias de los conflictos, por eso es necesaria la IE, para evitar lo mencionado anteriormente.

Bajo nivel de inteligencia emocional en las relaciones de pareja

Cuando dos personas se unen en el néctar del amor, debe haber respeto, tolerancia, sinceridad y sobre todo fidelidad. Si no existe tal cosa, entonces estamos hablando de una relación hipócrita y con bajos niveles de inteligencia emocional. ¿Cómo saber si nuestra relación tiene bajos niveles de inteligencia emocional? Veamos los siguientes síntomas:

Síntomas de bajo nivel de inteligencia emocional en la pareja

1) La pareja no se apoya mutuamente.
2) Discuten todos los días.
3) Ambos son infieles.
4) Se ocultan cosas.
5) No comparten decisiones.
6) No existe la confianza.
7) Están juntos solo por un interés particular.
8) No se ayudan mutuamente.
9) Se critican todo.

10) No hay comunicación asertiva.

Los síntomas del bajo nivel de inteligencia emocional puede variar dependiendo del grado en que se encuentre la pareja. Por tal motivo es recomendable conocer a fondo a nuestra futura pareja.

¿Cómo deshacernos de las relaciones tóxicas con inteligencia emocional?

Una persona tóxica es aquella que observa la vida de forma negativa, siempre intenta bajar el autoestima o humillar a los demás, se vanagloria de sus malas acciones e intenta todo lo posible por controlar la vida de los demás, aquellas personas desean lo sumo posible por querer que otros actúen como ellos desean.

Al usar la inteligencia emocional, podemos crear un ecualizador como una herramienta inquebrantable. Cuando nos encontramos con una persona tóxica es necesario alejarse y no prestarle atención a sus comentarios dañinos y venenosos, de nada servirá llevarles la contraria, porque estos más desearan hacernos explotar.

Hay que transformar sus oscuras palabras en luz, para eso tenemos que tener una alta inteligencia emocional, seguir con los consejos y las prácticas ante esas situaciones es precisamente necesario, por el simple hecho de que esto puede protegernos de las personas tóxicas.

Recomendaciones para deshacernos de una persona tóxica:

1) Alejarse por completo.
2) Mantenerse al margen de los comentarios negativos.
3) Ignorar las palabras venenosas.
4) No dejarse llevar por el momento.
5) Observar, analizar y discernir.

¿Cómo mejora la inteligencia emocional la productividad?

Como habíamos explicado con anterioridad, la inteligencia emocional y la productividad están relacionados, aunque muchas personas lo duden. Recordemos que la IE nos ayuda a tener estados emocionales equilibrados, de esta forma estaremos bien y mostraremos una excelente imagen frente a los que nos rodean. Es muy cierto que cada persona es diferente y cada quien posee habilidades o cualidades distintas, todos tenemos algo que nos hace únicos y originales; vemos personas de las cuales impresionan con sus voces, individuos que de deleitan con su música, y todas las demás destrezas humanas. Para saber la relación de productividad e inteligencia emocional debemos aprender todo acerca del primero. ¿Qué es la productividad?

La productividad es la acción de trabajo, de las cuales prevalece el desempeño y la eficacia sobre esta, incluyendo la eficiencia. Si unimos esta palabra con "personal", descubrimos que la productividad personal es la forma en cómo un individuo se desempeña en su vida, en cuanto a sus interrelaciones con la propia realidad. Así como lo expresa algunos autores especializados en el tema:

Podríamos decir que productividad personal es una forma de vida con la intención de alcanzar un estado de tranquilidad, paz, calma, felicidad (cada uno le pone un nombre diferente) equilibrado con las demandas de nuestro entorno cultural y social. Así que es fácil entender que la productividad personal es algo directamente relacionado con la forma de pensar y hacer de las personas. (Beatriz Blasco, 2016)

De esta forma según las palabras expresadas por la autora, la productividad personal se refiere a la forma de alcanzar la supremacía de la reivindicación en una sociedad degradante, el individuo busca su propia esencia, expresión y actitud innovadora, cuyo objetivo es poner un grano de arena para hacer un mundo mejor.

Nuestro estado de ánimo radica mucho en la forma en que tomemos nuestras decisiones, puede ser que hayamos tenido un día difícil, por lo tanto es común absorber sentimientos de ira, molestia y estrés, podemos incluso tratar mal a nuestros seres querido. De esto radica la relación de productividad e inteligencia emocional. Sin duda, así como nuestras emociones se acentúan en alguna situación, de la misma forma ocurre con la toma de decisiones, tal vínculo emocional se encuentra conectado con las motivaciones para realizar las cosas.

Ahora hagamos una división de los estados emocionales con la productividad, lo dividiremos por segmentos:

Segmento 1

Nuestro estado emocional es pacífico, el cuerpo se encuentra en una relajación profunda. No obstante, cuando existe estancamiento y poca acción, entonces la productividad baja notablemente. En ese momento debemos reflexionar, evaluarnos, de tal forma que podamos discernir acerca de nuestro ánimo tan bajo. La tristeza influye de forma positiva, si la usamos para mejorar alguna actitud o darnos cuenta que realmente estamos haciendo las cosas bien.

Segmento 2

En esta parte nuestra energía es desafiante, alta y violenta. Por consiguiente, es hora de controlar aquella energía de rabia para realizar buenos negocios, tratar con todo tipo de personas e igualmente llevarnos bien con las personas de nuestro alrededor.

Segmento 3

Aquí nos podemos sentir ilusionados, con muchas expectativas próximas a un logro. La energía aumenta considerablemente. En este periodo es importante trabajar por nuestras metas a corto y a largo plazo.

Segmento 4

A diferencia del segmento 1, esta vez es una paz y tranquilidad con un valor de voluntad. En este segmento es esencial la creatividad, la reflexión e incluso la diversión.

Podemos concluir que la productividad está estrictamente vinculado con nuestros ánimos, emociones y actitudes. Todo se encuentra interconectado, por eso si queremos tener una inteligencia emocional elevada, entonces debemos leer y poner en práctica lo aprendido. También este aspecto es afirmado por algunos especialistas:

Lo que tienes que hacer es desarrollar tu inteligencia emocional para conocerte, saber cómo estás y aprender a modificar ese estado en ti. Para adecuar tu estado a la tarea. Esto requiere entrenamiento. Una vez has sido capaz de regular tu estado emocional puedes incluso influir sobre el estado emocional de tu equipo, por ejemplo en una reunión. O alterar el orden de la reunión o incluso suspenderla si el estado no es el adecuado para el objetivo planteado para la reunión. (Beatriz Blasco, 2016)

Importancia de la empatía con la inteligencia emocional

La empatía es uno de los mayores síntomas de la felicidad, puesto que gracias a esta podemos entender a los demás. A pesar de que existen pocas personas con este tipo de habilidades de la inteligencia emocional, es preciso decir que cualquier persona tiene la capacidad para cultivar esta cualidad innata. Pero veamos algunas definiciones de empatía por parte de diversos autores:

La idea común de cada definición es la aceptación de un individuo capaz de entender y conectarse con las emociones de los demás. Comprender y darse cuenta que las actitudes humanas están influenciados por una simple emoción. Un ejemplo para explicar la verdadera forma e importancia de la empatía es la siguiente:

Imaginemos que el familiar de un amigo ha fallecido, este tiene una gran tristeza y es difícil consolarlo. No es necesario que hayamos pasado por el mismo dolor para entender sus emociones, la empatía nos ayudará a entender, captar, escuchar las manifestaciones de aquel individuo contristado por el dolor. Podemos hasta ser capaces de ayudarle.

Capítulo Cinco:
Inteligencia emocional en la vida familiar

La familia es uno de los cimientos más importantes de la vida humana, es la institución primordial para la permanencia de la raza humana. A lo largo de la historia, la fuerza de la sociedad ha estado en sintonía con la vida familiar, entonces, ¿qué es la familia?

La definición de la familia está entrelazada particularmente con la época y la cultura en que la determinemos analizar. Para los países occidentales la familia está compuesta por un padre, una madre e hijos, los abuelos usualmente tienen su propia morada o viven en asilos. Este es la típica familia conservadora, de las cuales ha funcionado por miles de años.

No obstante, en la actualidad la definición de familia ha venido cambiando gradualmente. Esto se debe a factores sociales que han venido transformando lo que conocemos como familia. En los últimos años ha proliferado diferentes clases de familia, entre estas podemos encontrar: familias monoparentales, madres y padres cabeza de hogar, las que reúnen hijos de distintos matrimonios y otras cuyos padres no viven juntos por alguna razón, también por abuelos, tíos o hermanos, de las cuales mantienen y cuidan a sus cercanos, e incluso las familias adoptivas juegan un papel importante para aliviar los abandonos esporádicos.

En algunas culturas son normales las familias numerosas, en este tipo los hijos siguen atendiendo a sus padres mayores. Formando lazos de humanidad por parte de hermanos, tíos, sobrinos, nietos y demás integrantes. En otras palabras, todos ayudan y velan por el bienestar del grupo. Por otro lado, existen familias de parejas del mismos sexo, de las cuales en la actualidad no es un tabú como hace 10 años. Como vemos una familia es el conjunto de individuos unidos, ya sea biológicamente y humanamente por lazos afectivos, cuya función es velar por la integridad de cada miembro, incluyendo la educación mental, emocional y física en un entorno reconfortante.

Conocer la esencia de la familia es crucial para relacionar la inteligencia emocional con este aspecto, puesto que la vida de un ser humano es regido por su entorno familiar, es un espacio en donde se aprenden valores importantes, la personalidad se moldea, los conocimientos fundamentales y básicos se forman en la familia.

Los principios de las normas y la moral también se aprenden en el entorno familiar y nuestro futuro es regido por la forma en que nuestros padres o acudientes nos educan. No obstante, muchos traumas están vinculados a la infancia y se encuentran notablemente ligados con la parte emocional.

Por eso, si un individuo desea cultivar la inteligencia emocional, debe primeramente solucionar todos los traumas, miedos y conflictos internos en el "ser". Porque cuando se tiene una familia, la estabilidad emocional será importante para mantener un buen ambiente hogareño, aún más si somos cabezas de hogar, nuestros hijos se verán notablemente influenciados por las decisiones nuestras. Si los padres poseen una estabilidad emocional, entonces los hijos también la tendrán; como resultado nuestra descendencia obtendrá el regalo del conocimiento y la inteligencia emocional para cualquier aspecto de la vida.

En este capítulo veremos la relación de la inteligencia emocional con la vida familiar, sentimental y personal. En el primer caso abordaremos todo acerca de la IE (inteligencia emocional) en las relaciones personales, incluyendo sus incidencias, la forma adecuada en la que debemos expresar nuestras emociones, también el modo de recibir los problemas, cómo buscar relaciones saludables, sin caer en corrosivas situaciones. Es un alivio conocer cómo podemos desarrollar relaciones sanas y las herramientas que tenemos para obtenerla, además la pronta respuesta en contra de situaciones negativas en la vida personal, nos hará mejores personas frente una sociedad demacrada.

También en este capítulo indagaremos sobre cómo usar la inteligencia emocional en la resolución de problemas. Recordemos que diariamente muchos conflictos emocionales se dan en el hogar. A veces la inconformidad, la falta de comunicación y sobre todo las diferencias de personalidad influyen directamente con el ambiente en el hogar. Por eso, es necesario analizar la inteligencia emocional en padres, madres e hijos, cuya base primordial es el amor incondicional. Si todas las partes se encuentran en equilibrio, sin duda el templo familiar será gratificante. Por otro lado, explicaremos los síntomas que tienen las parejas con un bajo grado de inteligencia emocional, cómo mejorarlos y también de qué forma pueden trabajar ambas partes para aumentar la IE.

Por último, mostraremos las maneras para deshacernos de las relaciones tóxicas con un ecualizador saludable. Es muy común vernos rodeados con personas negativas, violentas e incluso criticonas, de las cuales siempre intentan menospreciarnos, hasta el punto de bajarnos el autoestima. La idea es hacernos tan fuertes que cualquier tipo de comentarios tóxicos nos resbalen y no nos afecten.

Goleman, afirma de la importancia de la familia como recurso inicial para concebir valores que moldean la inteligencia emocional, "Desde el punto de vista de las relaciones humanas, la familia es el núcleo central, cuyo papel primordial en el proceso de socialización es el establecimiento de normas, reglas y sobre todo valores éticos y morales".

La inteligencia emocional en las relaciones

El hombre constantemente se encuentra en continuo crecimiento, las relaciones interpersonales son el vivir diario. Existen todo tipo de personas con personalidades tan diferentes que muestran a la propia existencia tan diversa como los planetas en el espacio. Cada persona tiene sus creencias, pensamientos y un estilo de vida en particular, eso es lo que hace interesante la vida misma.

Sin embargo, en este espacio nos enfocaremos acerca de la inteligencia emocional en las relaciones, ¿qué tipo de relaciones? Pues, en este caso abordaremos dos tipos de relaciones, la sentimental y la social.

Las relaciones sentimentales son aquellas interacciones en las cuales existe un lazo sentimental, pero de forma romántica. Hay un vínculo emocional de ambas partes, mujer y hombre se entrelazan en una pasión química y física. El interés crece incontrolablemente, sin embargo, muchas veces podemos equivocarnos a la hora de elegir la persona apropiada y que nos de el lugar que merecemos. ¿Qué tiene que ver la inteligencia emocional con las relaciones sentimentales? Para responder esta pregunta, debemos pensar acerca de las cosas que esperamos de nuestra pareja o la persona con quien salimos.

Un apropiado uso de la IE nos puede encaminar a una relación en pareja genuina, ya que cultivaremos valores como la tolerancia, la honestidad, la sensatez, el respeto y sobre todo el equilibrio emocional. Muchas personas pueden perder oportunidades para conseguir pareja, por el simple hecho de sentirse inseguros, pensar lo negativo, ven cosas o situaciones donde no las hay, tienen miedo al fracaso y demás aspectos netamente negativos. Por ejemplo, Marcos siempre ha tenido problemas para conseguir una relación estable, siempre lo terminan engañando, hasta el punto de romperle el corazón. Él tiene un trauma con la infidelidad, si este no usa la inteligencia emocional, constantemente estará inseguro al querer comenzar una nueva relación e imaginará cosas que no están pasando, por ende arruinará su relación.

Síntomas de una baja inteligencia emocional en las relaciones

1) Celos no fundamentados.

2) Inseguridad constante.

3) Imagina cosas que no están sucediendo.

4) Hace hipótesis irreales sobre alguna situación.

5) Quiere a alguien perfecto.

Síntomas de una alta inteligencia emocional en las relaciones

1) Comprensión de situaciones.

2) Seguridad en las decisiones sentimentales.

3) Estabilidad emocional.

4) Sabe lo que quiere en una relación.

5) No saca conclusiones injustificadas.

6) Vela por el bienestar de sus cercanos.

7) Sabe que nadie es perfecto.

8) Intenta mejorar las actitudes de seres queridos.

9) Escucha los argumentos de su pareja sentimental.

10) Busca un acuerdo en los conflictos sentimentales.

Tener una excelente comunicación es la clave para mantener buenas relaciones, ya que podemos encontrar el punto de equilibrio en nuestras vidas, para así no sentirnos atribulados o resentidos. Sin embargo, hay un punto que no hemos tocado, esto es el amor propio y conocerse a sí mismo. Los dos puntos mencionados son sin duda la base para edificar relaciones duraderas. ¿Por qué cultivar el amor propio? Sencillamente porque este nos ayuda a mantener intacta nuestra propia dignidad, sin caer en humillaciones o atropellos, porque la mayoría de las personas cuando se enamoran pierden la noción de sí mismas. Hay algo que debemos hacer antes de empezar una relación amorosa, eso es el autoconocimiento interno. Conviene preguntarnos: ¿cuáles son nuestros puntos fuertes?, ¿cuáles son nuestras debilidades? Y, ¿qué necesitamos emocionalmente? Cuanto mejor lleguemos a conocernos, más preparados estaremos para encontrar a alguien que fomente nuestras virtudes.

¿Qué cualidades importan más en una persona?

A) Atractivo físico.

B) Popularidad

C) Decencia.

D) Confiabilidad.

Si nuestra respuesta fue la decencia y la confiabilidad estamos por un buen camino a la hora de mejorar y acercarnos a personas con valores desarrollados, de las cuales nos harán mejorar como persona, esto no quiere decir que a las personas un poco negativas o tóxicas se les mantendrá alejadas, pues eso sería discriminación, al contrario, se le puede ayudar a ese tipo de individuos a mejorar. Si queremos una relación amorosa de forma saludable, es completamente necesario analizar las actitudes u observar cualquier síntoma, porque sino nuestras relaciones sentimentales serán una pesadilla.

Por otro lado, en cuanto a las relaciones de carácter social, ya sea de amistad o con nuestros familiares cercanos, se puede usar todo lo aprendido en los capítulos anteriores, la clave se encuentra en el trato hacia los demás, la empatía, el control de las emociones y demás factores determinantes a la hora de manifestar inteligencia emocional. La idea no es repetir como loros lo mismo, sino más bien actuar y ser felices como verdaderamente se exprese nuestra propia esencia. Nadie puede hacernos caer en un cuadrado, en donde no podamos ser nosotros mismos, sin embargo, la inteligencia emocional nos facilita la vida, convenciendonos de que podemos ser mejores cada día.

Ahora que vimos acerca de la inteligencia emocional en la vida familiar, es hora para descubrir algunos secretos escondidos de la IE, en donde aprenderemos las premisas ocultas para cultivar una gran actitud equilibrada.

Capitulo Seis:
Secretos de la inteligencia emocional

La inteligencia emocional es una condición muy importante en la vida de las personas. La conducta de esta generación se encuentra notablemente consumida por la violencia, la agresión y el rechazo. Ya hemos visto en la actualidad actitudes totalmente contrarias a la moral y ética, en donde individuos rompen las reglas de un ambiente de paz, modificando sus conductas hasta el punto de dañar físicamente o mentalmente a las personas que las rodean. Por ello existe la necesidad de poder usar la inteligencia emocional en todos los aspectos de la vida. Existen tantos secretos que esconden los conocedores de la IE, líderes de las cuales se caracterizan por su notable rendimiento.

Así como lo afirma algunas páginas especialistas en el desarrollo de la conciencia:

La gente que emplea la inteligencia emocional posee una alta capacidad de resiliencia, mayor tendencia al autocontrol, autodisciplina, facilidad para construir excelentes relaciones interpersonales. Estas cualidades pueden desarrollarse con la aplicación de diferentes prácticas y siguiendo un plan específico de metas personales. Existe una fuerte inercia en los patrones de conducta de acuerdo a cierta programación mental. La neuroplasticidad del cerebro dice que esa tendencia puede ser modificada y así se crean nuevas conexiones neuronales vinculadas con el desarrollo de una personalidad más equilibrada, lo cual significa el empleo de la inteligencia emocional. (Corrent, 2015)

Por lo tanto, como descubrimos anteriormente, para que una persona pueda ser autosuficiente con sus emociones debe ser tolerante, tomar el control de las situaciones, tener autocontrol, ponerse en el zapato de los demás, comprender las acciones de personas negativas, analizar a fondo una situación y enseñar a todas personas necesarias acerca del valor de la inteligencia emocional.

Además, hoy en día las habilidades de inteligencia emocional tienen una gran demanda para las empresas del siglo XXI. Aunque no olvidemos que la inteligencia cognitiva también es importante, ya que de esta se desprende las habilidades mentales y el conocimiento adquirido a través de las experiencias. Por ejemplo, en las empresas del sector manufacturero usualmente la mano de obra tiene habilidades físicas y de transformación, igualmente el sector de construcción, la minera, la ganadera y la agropecuaria. Por otro lado, las industrias hoteleras contratan personas con habilidades comerciales, atención al cliente e inclusive con conocimientos gastronómicos. Asimismo, las empresas de bienes raíces solicitan personal con excelentes habilidades de negociación, convencimiento, de las cuales tienden a completar una venta.

También las industrias del entretenimiento buscan individuos con destrezas comunicativas, tanto escrita como oral. No obstante, otro tipo de sector se encuentra vinculado con los conocimientos cognitivos, entre ellos se destacan las industrias financieras, sector salud, instituciones educativas y demás. Lo anterior demuestra que en todos lados la inteligencia emocional es importante, por el simple hecho de marcar un antes y después en la personalidad de cada persona. Recordemos los siguientes aspectos de la inteligencia emocional, esto es indispensable tomarlo en cuenta para un buen entendimiento de las habilidades propias de la inteligencia emocional.

Secretos de la inteligencia emocional

Veremos algunos secretos de la inteligencia emocional, en donde hemos sacado lo más relevante, de las cuales esconden las personas más exitosas del mundo. Aprendamos acerca de los siguientes secretos:

Liberarse de influencias tóxicas

En las relaciones interpersonales del día a día existen muchos lazos afectivos que unen a las personas, pero en la personalidad que reflejemos; podemos hacernos esclavos de alguien o ser sus líderes. Por ello, si tenemos amigos negativos, que nos bajan el ánimo e incluso actúen de diversas formas que causen desmotivaciones, entonces es mejor alejarse. También de personas conflictivas, cuyo fin es hacerles daño a los demás, además, si son malas compañías; tenemos otro motivo para alejarnos.

Recordemos que las malas compañías pueden hacernos perder el rumbo de nuestras vidas, si somos débiles podemos caer frente a este tipo de personas, estas pueden usar los defectos que tengamos en nuestra contra. No olvidemos lo que menciona algunos especialistas sobre este tema:

Por esta razón es fácil que la influencia negativa de una persona genere estrés o desequilibrio emocional. Si quieres sentirte libre, entonces tu estado de ánimo no debe depender de la conducta de los demás, este es uno de los grandes retos de la inteligencia emocional, si se va practicando diferentes técnicas de autocontrol, se llegará el día en que se experimentará autonomía de las emociones, al hacerlo se tendrá un gran poder personal. (Corrent, 2015)

Entrar en contacto con nosotros mismos

Como habíamos explicado anteriormente, el autoconocimiento acerca de nosotros mismos, nos conduce al entendimiento de nuestras acciones con la realidad externa. Comprendemos que origina nuestras emociones en circunstancias diversas; con esto tomaremos medidas para evitar cualquier sentimiento de odio, agresividad e incluso salvarnos de cometer un error.

La idea de este secreto es que a través del "yo consciente", investigado por Freud, de las cuales determina que el comportamiento y la personalidad derivan de la relación entre las fuerzas psicológicas conflictivas. El "yo" tiene una correlación con nuestra forma de ser, que se encarga de tratar con la realidad, por eso es importante llegar a controlar este componente, ya que podemos predecir nuestro comportamiento e incluso de cambiarlo para beneficios positivos. ¿Puede una persona agresiva cambiar? Con meditación, por supuesto que sí.

Aprender acerca de inteligencia emocional

Si estamos leyendo este libro es porque realmente queremos mejorar nuestra manera de ser y la forma en que tratamos a los demás. Por consiguiente, una educación emocional nos ayudará a mantenernos en sintonía con la inteligencia emocional, porque así aprenderemos habilidades importantes para el desarrollo de nosotros, nuestras parejas, hijos, padres e incluso amistades. La idea es aprender y compartir lo aprendido, de esta forma seremos un impacto positivo para las personas que nos rodean. Al estar en el último capítulo de este libro, quiere decir que tenemos las bases sólidas para practicar en nuestra vida diaria todas las pautas y consejos concebidos en los capítulos anteriores.

A continuación, veremos cómo la inteligencia emocional puede mejorar nuestra productividad, también la importancia de la empatía media para su inteligencia emocional, además abordaremos por qué la resistencia emocional es tan importante. Asimismo explicaremos cómo impulsar la conciencia de nosotros mismos, el autoconocimiento, cómo liberarse de las opiniones de los demás y por último, cómo facilitar juicios contra personas negativas.

Ahora veamos la importancia de la resistencia emocional, esta parte es clave para tomar conciencia acerca de nuestras acciones con los demás, un intento de autocontrol nos puede ayudar a minimizar un problema.

Importancia de la resistencia emocional

Hemos visto en capítulos anteriores la importancia de la inteligencia emocional en cada aspectos de nuestras vidas, sin embargo, de esta cuestión sobresale la resistencia emocional. ¿Qué es la resistencia emocional? Pues, simplemente es la limitación de algunas emociones impropias o dañinas como el enojo, el odio, la ira, de las cuales nos pueden hacer cometer errores que podemos lamentar después.

Pero hay que tener en cuenta que no todas las emociones negativas son malas, aunque no lo creamos estas nos ayudan a enfrentar amenazas y desafíos, de las cuales tendremos que enfrentar en muchas situaciones de la vida diaria. El enojo nos sugiere que alguien nos está hiriendo e incluso ofendiendo, la tristeza es un símbolo de que no nos sentimos bien con alguna situación, el miedo nos avisa acerca de un peligro inminente. Estas emociones negativas nos pueden mostrar verdades, así como lo explican algunos autores:

Las emociones negativas aumentan nuestra conciencia. Nos ayudan a enfocarnos en un problema de manera que podamos solucionarlo. Pero tener muchas emociones negativas puede agobiarnos, ponernos ansiosos, cansarnos y estresarnos. Cuando hay muchas más emociones negativas que positivas, los problemas suelen ser demasiado grandes y difíciles de resolver. Cuanto más nos preocupamos de las emociones negativas, más negativos nos sentimos. Concentrarse en lo negativo, nos hace más negativos. (D' Arcy Lyness, 2013)

En pocas palabras, las emociones negativas son naturales, por ello no hay que luchar en contra de estos, puesto que es una señal importante de cómo nos parece alguna escena en particular. La naturaleza es tan perfecta que si nos cohibimos con nuestras emociones estamos formando una gran bomba que estallará en cualquier momento. Entendamos esto con ejemplo:

Rubén es un padre familia comprensible y tolerante, muchas veces en su trabajo lo han humillado, maltratado verbalmente e incluso pisoteado, él no nunca dice nada, absorbe sus emociones constantemente. Cuando llega a su casa los problemas no faltan, se acaba de enterar que su esposa le ha sido infiel. Él calla ante aquellas circunstancias, se encierra en su propio mundo; mirando a la pared con una mirada perdida. Rubén ha acumulado tantas emociones que su cuerpo ya no puede sentirse pleno, es como un veneno que bebemos, esperando a que haga efecto. Rubén tiene altas posibilidades de cometer un grave error.

Con el ejemplo anterior podemos darnos cuenta de que en verdad es necesario identificar nuestras emociones, abrirlos en cada momento, hablar con alguien sobre nuestros sentimientos. La idea es expresar nuestras emociones para que salgan y desaparezcan. Entonces, existe una gran diferencia entre resistencia emocional y la cero expresión de emociones, de las cuales muchas personas la pueden definir erróneamente como cohibir las emociones y mantenerlas ocultas, eso es totalmente falso. La resistencia emocional es entender, comprender y gestionar las emociones negativas a un punto de convertirlas en un aprendizaje y en una forma de mantenernos saludables.

Si queremos identificarlas, podemos seguir un consejo dado por muchos psicólogos, esta consta de escribir las emociones que sentimos en determinados momentos, en primera instancia, describir las emociones positivas en ambientes como el hogar, el trabajo, el transporte público e igualmente en lugares sociales. Luego en otra hoja escribir las emociones negativas que tenemos en los ambientes mencionados anteriormente, así sabremos cómo empezar a tomar el control y resistencia sobre nuestras acciones.

¿Cómo impulsar nuestras conciencias con la inteligencia emocional?

Todos tratamos de ser los mejores en la práctica. El ser humano está enfocado en evolucionar de tal forma que el conocimiento usado sea un arma hacia la victoria en un universo misterioso. ¿Somos conscientes de nuestra existencia? ¿Sabemos nuestras emociones y nos conocemos a fondo? Son preguntas que nos hace analizar en cómo estamos desarrollándonos en esta existencia.

En primer lugar, la conciencia es el reconocimiento de nosotros mismos como seres pensantes, emocionales y espirituales. Esta definición es concebida también por algunos autores destacados en el tema:

La información es clave para elevar la conciencia de lo que nuestro cerebro esconde a nuestra mente consciente. Por desgracia somos pensadores impulsados por la emoción. Necesitamos esfuerzo y entrenamiento para ejercitar la introspección y la atención plena. (David Bloor)

Es muy difícil encontrarnos personas que se toman el tiempo para pensar acerca de sus actitudes o comportamientos frente a una determinada situación en particular. Es allí en donde la conciencia toma partido de nosotros mismos.

Estos son los 5 aspectos en que la conciencia nos ayuda:

1) Reconocimiento del "yo pensante".
2) Análisis de situaciones de la vida diaria.
3) Conocimiento a través de la observación.
4) Conocimiento a través de la reflexión.
5) Hallazgo interno de nosotros mismos.

Ahora para impulsar la conciencia conviene que desarrollemos la concentración, esta nos ayudará a concentrarnos en lo que hacemos y sentimos, respecto a los cambios que deseamos mejorar como personas capacitadas. Todos tenemos la oportunidad y las habilidades para potenciar la conciencia. Aunque algunos lo pueden lograr más rápido que otros, esto depende mucho de la voluntad impregnada en nuestra mente.

Otra forma de impulsar nuestra conciencia es alimentarnos intelectualmente, en el sentido de hojear muchos libros acerca del tema, aprender y poner en práctica lo subrayado por los psicólogos y especialistas versados en el tema; la idea no es quedarse con el conocimiento solamente, sino más bien, expresarlo en la vida diaria, recordemos de poner en práctica lo aprendido en este libro.

También podemos tener en cuenta la opinión de expertos sobre el tema de la puesta en marcha de la concentración:

Para no volvernos locos con toda información que entra de manera constante en nuestra vida, nuestro nivel normal de conciencia es relativamente bajo. Para mejorar algo debes elevar tu nivel de conciencia en ese algo, y mantenerlo alto. Para elevar la conciencia tienes que practicar la atención concentrada. Tienes que concentrarte en lo que haces y en lo que sientes, respecto al aspecto de tu vida que quieres mejorar. Si quieres mejorar tu efectividad tienes que prestar mucha atención a cómo te organizas actualmente, cómo haces las cosas y cómo te sientes al respecto. (Francisco Sáez)

Por consiguiente, la forma para aumentar nuestra conciencia es el pensamiento racional y concienzuda sobre nuestra propia razón de ser. Ser capaces de influenciar nuestra emociones a través de la lectura y la práctica de la inteligencia emocional.

¿Cómo liberarse de las opiniones y juicios de las personas?

Por naturaleza el ser humano se encuentra influenciado por las decisiones de los demás, incluso de las opiniones de las personas cercanas. Muchas veces nos importa tanto las opiniones de los demás, que en ocasiones perdemos nuestra propia esencia y nos dejamos influir por los pensamientos de las personas. Hay individuos que dependen mucho de las opiniones de los demás, por ejemplo, se ponen tristes cuando alguien lanza cierto comentario ofensivo o cuando son rechazados. Existe una particularidad en la conducta del ser humano, esto es el instinto por sentirse aceptado y correspondido. Entonces, ¿cómo podemos liberarnos de las opiniones de los demás?

Antes de contestar esta pregunta, debemos analizar el porqué nos importa tanto las opiniones de los demás. Estas son las razones:

1) El ser humano tiende a buscar la seguridad, a través de la aceptación como ser social.

2) En la infancia nos enseñaron que, para alcanzar la paz, debemos llevarnos bien con los demás.

3) Hemos inculcado en nuestras mentes patrones de conductas para adaptarnos a la sociedad.

4) Nos hemos acostumbrados a socializar con los demás de acuerdo con su personalidad, para así mantener las relaciones de hermandad, al igual que mostrar máscaras diferentes para distintos tipos de personas.

5) Por las limitaciones que nuestros padres nos mostraban en la infancia, en cuanto nos moldeaban a conductas que eran mal vistas, por ejemplo, si bailas en una mesa, es mal visto o si cantas feo; no debes hacerlo.

Así como lo afirman muchos psicólogos acerca de los conflictos internos ocasionados por intentar moldearnos a los pensamientos de los demás:

El preocuparte por lo que piensan los demás de ti, genera ansiedad. Pero no te culpes, así lo has aprendido a hacer, lo has hecho para sobrevivir en un mundo de humanos. El reto ahora es encontrar una manera de relacionarte con los demás en la que seas libre de sus opiniones y puedas hacer y dictar tu vida haciendo lo que es mejor para ti. Existe un fenómeno interesante en la mente del ser humano, y esto es sentirte en la mirada de los demás como si hubiera un foco alumbrándote sólo a ti, y esto junto con la manera distorsionada de pensar en la que tú estás seguro de lo que están pensando los demás de ti, es que empiezan los problemas. (Fabiola Cuevas)

Recomendaciones para liberarse de las opiniones y juicios de los demás

Debemos analizar nuestras creencias con referencia a preguntarnos si somos felices actuando de la forma en cómo los demás quieren que actuemos. También tenemos que tomar conciencia acerca de si realmente valoramos que los demás nos quieran como realmente somos o nos rechacen, de allí sabremos si en realidad disponemos de amigos verdaderos. Por último, debemos aceptarnos y aceptar a los demás, respetando sus creencias, costumbres, forma de ser. Así seremos conscientes de la pluralidad de la vida, incluso es importante aprender a ignorar las malas opiniones que los demás tengan sobre nosotros. ¡Es hora de buscar nuestra propia felicidad! ¡Seamos felices como realmente somos!

Conclusiones

En este libro estuvimos analizando lo que es realmente la inteligencia emocional, entrando en primera instancia al concepto de emoción o emociones, de las cuales muchos investigadores y especialistas en el área se han dado a la tarea de investigar al respecto, sin embargo, no existe una definición exacta de lo que significa el término "emoción", debido a la complejidad de lo que este representa. En su lugar, existen una gran variedad de definiciones que pretenden explicar y delinear un concepto. Por ende, hay emociones agradables y desagradables, también descubrimos acerca de su importancia y funciones primordiales, independientemente de que las emociones sean agradables o no, tienen tres principales funciones: adaptativa, social y motivacional. Adaptativa porque preparan al organismo para ejecutar una conducta ante una situación específica; social, ya que permiten la interacción con los demás y motivacional debido a que intensifican la respuesta emocional.

También descubrimos acerca del cociente intelectual expuesto por William Stern, de las cuales propuso el término Cociente Intelectual (CI), para definir el puntaje obtenido de la edad mental (la capacidad intelectual de una persona, la cual se puede obtener mediante pruebas estandarizadas para cada nivel de edad) dividida entre la edad cronológica (en meses) y multiplicado por 100, de tal forma que se obtiene un número entero. En donde un CI de 100 y las variaciones de 15 puntos, 100 ± 15, es decir, entre 85 y 115 son considerados como normales. Los puntajes debajo de 85 o bien, arriba de 115 se consideran como subnormal y supranormal, respectivamente, suministrado por Ardila. En una categorización más amplia, un puntaje de 130 o más implicaría que el individuo es un genio, mientras que de 20-25 o menos se catalogaría como retardo mental profundo.

Por otro lado, también concluimos acerca de la definición de inteligencia emocional, propuesto por Daniel Goleman, él explica que la inteligencia emocional es una herramienta que nos permite relacionarnos con los demás, así como controlar nuestros impulsos, al mismo tiempo que engloba habilidades tales como la autoconciencia, la empatía y la motivación, entre otras. Asimismo, Goleman menciona que para la adaptación social son necesarios ciertos rasgos de carácter como la compasión y la autodisciplina. Una de las características principales de la Teoría de Goleman es que esta puede aplicarse perfectamente al entorno empresarial, pronosticando incluso el éxito o fracaso en la vida laboral. Explicamos acerca de que al conocer nuestras emociones nos permitirá saber cómo reaccionamos ante las distintas situaciones que se nos presentan, de tal forma, que la siguiente vez podamos actuar de manera acertada y efectiva. Indudablemente, la autoconciencia y el autoconocimiento de lo que somos nos permiten gestionar de una mejor forma nuestras vidas.

Además, vimos sobre la importancia de la IE (inteligencia emocional), de las cuales una gran ventaja que sin duda tendremos con la inteligencia emocional, es en nuestro espacio laboral. Este ámbito se verá potenciado, al mantener el alma y la mente serena, automáticamente la productividad aumenta y las ganas por hacer las cosas crece considerablemente. El rendimiento laboral sube con nuestras emociones sanas, si tenemos una mala actitud, nuestro cuerpo reflejará tal afecto y hará que la gente se aleje lentamente, y si el individuo se deja llevar puede transformar alguna situación en una tormenta fatal. Muchos asesores comerciales y personas dedicadas a la atención del cliente siempre deben mantener una excelente actitud, irradiar seguridad y comprender las actitudes de los demás.

Encontramos algunos modelos en la inteligencia emocional como los modelos mixtos, el modelo de Goleman, modelo Bar-On, también los modelos de habilidades en las cuales se destaca el modelo Salovey y Mayer. Además, existen otros modelos como el modelo Cooper y Sawaf, modelo Boccardo Sasia y Fontenla, modelo Matineaud y Engelhartn y el modelo de Rovila. Concluimos así que algunos modelos se basan en el aspecto de personalidad del individuo, teniendo en cuenta su forma social de acuerdo con la realidad externa en el que se encuentra involucrado, por otro lado, también se resalta las habilidades de desarrollo interno, cuyo origen está potenciado por una parte del cerebro. Y existe una clara diferencia entre inteligencia emocional y cognitiva.

Luego realizamos una prueba sobre la inteligencia emocional con 20 preguntas de análisis, de las cuales nos daba un aproximado a través de los puntos, un nivel de inteligencia emocional. Igualmente concluimos las diferencias de inteligencia emocional y cognitiva. La primera se encuentra ligado notablemente con los aspectos sentimentales del individuo, en cuanto a la actitud que expresa en el mundo en que lo rodea, su forma de percibir y tomar el control en las situaciones, el desenvolvimiento emocional que tiene el individuo y su forma de tratar a los demás. Mientras que el razonamiento cognitivo hace referencia al conocimiento intelectual y sus acciones lógicas a través de un pensamiento coherente, desarrollando una acción completa.

Seguimos unos pasos para desarrollar la inteligencia emocional, entre estas pudimos notar: detectar las emociones, no juzgar las emociones, controlar los pensamientos, entender las actitudes de los demás y tener hábitos de aprendizaje.

En el capítulo tres, descubrimos la forma para desarrollar las habilidades de la inteligencia emocional, de las cuales muchos líderes tienen aquellas destrezas impregnadas y concebidas en sus personalidades. Algunas claves para fortalecer esta parte son: reflexionar sobre las emociones, escuchar a los demás, saber las debilidades y fortalezas internas, tener un pasatiempo, meditar, dormir bien, aprender el valor del amor, no juzgar a los demás, aprender a controlar las emociones y nunca rendirse. También explicamos que las habilidades de la inteligencia emocional son: capacidad de automotivación, empatía, autoconciencia emocional, control de impulsos y comunicación asertiva.

Por otro lado, también vimos los cuatro pilares fundamentales de la inteligencia emocional, entre ellos se encuentran: la autoconciencia, la autogerencia, la conciencia social y la gerencia de relaciones. También descubrimos que una forma de enseñarle a los niños la inteligencia emocional es a través de juegos divertidos y lógicos.

Descubrimos acerca de la relación de la inteligencia emocional en el trabajo, comenzamos por los empleados, de las cuales deben adaptarse a los cambios de la vida laboral, ya que las compañías prefieren empleados con una buena actitud de servicio, prácticamente a las personas positivas y que usan la inteligencia emocional son elegidas para buenos puestos en una compañía. Vimos algunas habilidades que todo trabajador debe tener para el año 2020, entre estas se destacan: solución de problemas complejos, trabajo en equipo, gestión de personal, pensamiento crítico, negociación, control de calidad, servicio de orientación, toma de decisiones, escucha activa, creatividad, inteligencia emocional y reflexión cognitiva.

Indagamos acerca de algunos consejos que los trabajadores podrían tener en cuenta, entre estos podemos evaluar: ejercitar el cuerpo, desarrollar sentimientos y no solo pensamientos, limitar las emociones, tomar decisiones de manera segura, cultivar la flexibilidad, comenzar siempre por comentarios positivos, intentar solucionar los conflictos en el menor tiempo posible, escuchar con empatía, controlar el estrés y ser uno mismo.

En cuanto a los empleadores concluimos que la cabeza de una empresa es sin duda el dueño, y de allí se engloba los diferentes jefes de cada departamento, ya sea el administrativo, financiero, el de marketing y publicidad, el de atención al cliente, seguridad en el trabajo, y otros departamentos, dependiendo del tamaño de la empresa. Todo líder debe ser empático y abierto a las nuevas posibilidades e incluso adaptarse a la personalidad de sus empleados. Los empleadores deben anticiparse a los problemas, ser los primeros en intervenir, mejorar a los trabajadores, ser flexibles y adaptables, cultivar a los trabajadores empáticamente,

Asimismo, si los empleadores quieren contratar a personas con un alto nivel de inteligencia emocional deben usar la prueba de MEITPRO, esta es la mejor alternativa a la hora de medir el nivel de inteligencia emocional de los candidatos. También vimos algunos casos de la vida real en la resolución de problemas.

En cuanto a la inteligencia emocional en la vida familiar, concluimos que un apropiado uso de la IE nos puede encaminar a una relación en pareja genuina, ya que cultivaremos valores como la tolerancia, la honestidad, la sensatez, el respeto y sobre todo el equilibrio emocional. Muchas personas pueden perder oportunidades para conseguir pareja, por el simple hecho de sentirse inseguros, piensan lo negativo, ven cosas o situaciones donde no las hay, tienen miedo al fracaso y demás aspectos netamente negativos. Tener una excelente comunicación es la clave para mantener buenas relaciones, ya que podemos encontrar el punto de equilibrio en nuestras vidas, para así no sentirnos atribulados o resentidos.

Finalmente descubrimos los grandes secretos que esconde la inteligencia emocional, muchas de estas son: liberarse de influencias tóxicas, entrar en contacto con nosotros mismos y aprender acerca de la inteligencia emocional. Incluso debatimos acerca de la influencia de los demás en nuestras acciones, ¡debemos ser nosotros mismos para alcanzar la felicidad!

Este libro ha mostrado toda la información valiosa acerca de la inteligencia emocional, de una forma entendible y con muchos ejemplos prácticos de la vida diaria. La manera de mejorar nuestra inteligencia es la lectura y la práctica.

Bibliografia

Muñoz, M. P. M. (2019, February 27). Concepciones de niños y niñas sobre la inteligencia ¿Qué papel se otorga a las funciones ejecutivas y a la autorregulación? Retrieved December 27, 2019, from http://www.scielo.org.pe/scielo.php?script=sci_arttext&pid=S2307-79992019000200011&lng=es&nrm=iso&tlng=es

Ardila, R. (2011, March 1). Inteligencia. ¿Qué sabemos y qué nos falta por investigar? Retrieved December 27, 2019, from https://go.gale.com/ps/anonymous?id=GALE%7CA265486059&sid=googleScholar&v=2.1&it=r&linkaccess=abs&issn=03703908&p=IFME&sw=w

Castillo, I. (2013, April 1). Importancia de la teoría de las inteligencias múltiples y la inteligencia emocional en el ámbito educativo. Retrieved December 27, 2019, from https://www.efdeportes.com/efd179/la-inteligencia-emocional-en-el-ambito-educativo.htm

Dueñas, M. (2002). *IMPORTANCIA DE LA INTELIGENCIA EMOCIONAL: UN NUEVO RETO PARA LA ORIENTACIÓN EDUCATIVA* (5, 2002, pp. 77–96). Retrieved from https://www.redalyc.org/pdf/706/70600505.pdf

Garcia, M. (2019, February 18). Inteligencia Emocional, la clave para ser feliz ⋆. Retrieved December 27, 2019, from https://www.mentepositiva.info/inteligencia-emocional/

RodrÍGuez, R. L. (2019, June 5). ¿Por qué es tan importante la inteligencia… Retrieved December 27, 2019, from https://mejorconsalud.com/tan-importante-la-inteligencia-emocional/

Lemos, R. (2019, June 5). Por qué es tan importante la inteligencia… Retrieved December 27, 2019, from https://mejorconsalud.com/tan-importante-la-inteligencia-emocional/

García, M., & Giménez, S. (2010). LA INTELIGENCIA EMOCIONAL Y SUS PRINCIPALES MODELOS: PROPUESTA DE UN MODELO INTEGRADOR. *Espiral. Cuadernos Del Profesorado*, 5(6), 45–50. Retrieved from /Dialnet-LaInteligenciaEmocionalYSusPrincipalesModelos-3736408.pdf

Psicoactiva. (2016). Test de Inteligencia Emocional. Retrieved December 27, 2019, from https://www.psicoactiva.com/test/test-de-inteligencia-emocional.htm

Raffino, M. (2019, December 4). Inteligencia Emocional. Retrieved December 27, 2019, from https://concepto.de/inteligencia-emocional/

Hill, D. W. (2018, January 10). Genomic analysis of family data reveals additional genetic effects on. Retrieved December 27, 2019, from

https://www.nature.com/articles/s41380-017-0005-

1?error=cookies_not_supported&code=5eeedf96
-dcd5-4300-a7fb-2835952fb48c

Business School. (2014, September 1). Descubre
las habilidades de la inteligencia emocional.
Retrieved December 27, 2019, from
https://retos-directivos.eae.es/descubre-las-
habilidades-de-la-inteligencia-emocional/

Guilera, J. (2019, July 1). Inteligencia emocional :
¿Qué habilidades son imprescindibles? Retrieved
December 27, 2019, from
https://blog.mentelex.com/inteligencia-
emocional-que-habilidades-son-imprescindibles/

Manzanilla, V. H. (2018, March 27). Los 4 pilares
de la inteligencia emocional (EQ) en el liderazgo.
Retrieved December 27, 2019, from
https://www.liderazgohoy.com/4-pilares-
inteligencia-emocional-liderazgo/

Rouse, M. (2015, August 21). ¿Qué es CRM
(Gestión de relaciones con los clientes)? -
Definición en WhatIs.com. Retrieved December

27, 2019, from
https://searchdatacenter.techtarget.com/es/defi
nicion/CRM-Gestion-de-relaciones-con-los-
clientes

Bravo, A. (2019). Sucuri WebSite Firewall -
Access Denied. Retrieved December 27, 2019,
from
https://www.enfoquevisionario.com/inteligencia
-emocional-trabajo/

Garcia, E. (2010). *DESARROLLO DE LA
MENTE: Filogénesis, Sociogénesis y Ontogénesis*
(8). Retrieved from
https://webs.ucm.es/centros/cont/descargas/do
cumento25317.pdf

Meneses, N. (2019, December 26). Estas serán las
habilidades profesionales más demandadas en
2020. Retrieved December 27, 2019, from
https://elpais.com/economia/2019/12/26/actual
idad/1577364486_808223.html

Gray, A. (2016, January 19). The 10 skills you need to thrive in the Fourth Industrial Revolution. Retrieved December 27, 2019, from https://www.weforum.org/agenda/2016/01/the-10-skills-you-need-to-thrive-in-the-fourth-industrial-revolution/

Organización mundial de la salud. (2004). *La organización del trabajo y el estrés* (3). Retrieved from https://www.who.int/occupational_health/publications/pwh3sp.pdf

Calderón, L. (2010, November 24). El éxito depende de la inteligencia emocional. Retrieved December 27, 2019, from https://noticias.universia.edu.pe/en-portada/noticia/2008/09/07/726988/exito-depende-inteligencia-emocional.html

HelpGuide. (2019, December 11). Improving Emotional Intelligence (EQ). Retrieved December 27, 2019, from https://www.helpguide.org/articles/mental-health/emotional-intelligence-eq.htm

González, A., González, J., & Breso, E. (2013, December 11). La evaluación de la inteligencia emocional: ¿autoinformes o pruebas de habilidad? Retrieved December 27, 2019, from http://repositori.uji.es/xmlui/handle/10234/77307

Cano, P. I. (2018, May 14). Entrevista a Beatriz Blasco. Retrieved December 27, 2019, from https://aprendizate.com/motivacion/como-se-motiva-el-motivador/entrevista-beatriz-blasco/

Falck, E. (2016, January 2). Los secretos de la inteligencia emocional. Retrieved December 27, 2019, from http://articulos.corentt.com/los-secretos-de-la-inteligencia-emocional/

Arcy, D. (2013). Comprender a los demás (para Adolecentes) - Nemours KidsHealth. Retrieved December 27, 2019, from http://fugazi.kidshealth.org/es/teens/understanding-others-esp.html?WT.ac=ctg

Bloor, D. (1998). Conocimiento e Imaginario Social - David Bloor. Retrieved December 27, 2019, from https://es.scribd.com/doc/37875027/Conocimiento-e-Imaginario-Social-David-Bloor

Saez, F. (2019). Reir aumenta tu productividad. Retrieved December 27, 2019, from https://facilethings.com/blog/es/laugh

Cuevas, P. F. (2019). Cómo liberarse del juicio o el qué dirán de los demás – Desansiedad. Retrieved December 27, 2019, from https://www.desansiedad.com/blog/como-liberarse-del-juicio-o-el-que-diran-de-los-demas

Créditos de Imagen:
https://www.Shutterstock.com

Libro 2:
La forma más sencilla de analizar a las personas

Aprende a leer a las personas, entender su lenguaje corporal y descubre lo que siempre te perdiste en las conversaciones

Introducción

¿Te imaginas mudarte a un país donde desconoces el idioma? ¿lo difícil que puede ser intentar comunicarte sin diccionario, traductor o información de cuál es el significado de las palabras? Estarías absolutamente perdido y se te escaparía la mitad de los temas de conversación. Tener que estudiar, trabajar y socializar con gente que no entiendes ni la mitad de lo que dicen, te pondrías en desventaja y fácilmente podrías rodearte de personas que buscan abusar de esa debilidad tuya. Es la vulnerabilidad más grande que puedo imaginar: que todo el mundo se comunique alrededor tuyo, pero tú no puedas entender lo que dicen, ¡o peor! creas que entiendes, pero no lo hagas. Es aislamiento, vulnerabilidad y riesgo. Además, es algo muy triste y solitario, porque el ser humano es un animal social y necesita del contacto con otros para mantener su sanidad mental.

Entonces, ¿por qué tan pocas personas le prestan atención al lenguaje no verbal, si transmite gran parte del significado de lo que dicen todos quienes nos rodean? Al no aprender a leer las señales corporales de una conversación, estamos como nuestro hipotético emigrante a un país del que desconoce el idioma: ajenos a una conversación que se desarrolla a nuestro lado, una conversación que puede tratar sobre temas que nos atañen y ser vital para nuestro futuro y para el desarrollo de amistades, contactos o relaciones que deseamos forjar.

¿Qué hace una persona cuando emigra a un país donde no habla el idioma? Aprenderlo.

Y nunca es tarde, es el momento de empezar a entender las conversaciones que se desarrollan a centímetros de distancia y que siempre te perdiste. Entender más a tus amigos, familiares y colegas, deshacerte de las personas falsas y las manipuladoras e identificar a quienes merecen tu tiempo.

Una frase muy popular dice "cuanto más conozco a las personas más quiero a mi perro" y la misma siempre me llamó la atención.

Los animales se comunican con nosotros solo con lenguaje no verbal, ¿por qué valoramos ese lenguaje en los perros? porque es más difícil mentir con el cuerpo que con las palabras. ¡Y las personas también hablan con sus cuerpos! No tan claramente como un perro, no mueven la cola al vernos ni muestran los dientes cuando están enojados, pero una vez que entendemos cómo leer a las personas, es tan fácil como ver que un perro nos mueve la cola y se pone panza arriba o se le tensan los músculos y gruñe.

Te invito a empezar a descubrir y entender un mundo en el que siempre te moviste y que siempre afectó tu vida, pero que desconocías. Quiero que dejes de acariciar humanos que te están mostrando los dientes en señal de advertencia y empieces a notar la gente receptiva y sana que te rodea.

No todas las personalidades se llevan con todas, pero sabiendo qué esperar te podrás deshacer de gran parte de la ansiedad social que te genera el tener que interactuar con personas que, a tus ojos, son impredecibles. ¡Aprende a mirar las señales que te mandan, lo que realmente están diciendo y cómo responde tu propio cuerpo! Ah, porque me olvidé de decirlo: mientras que es posible no entender el lenguaje no verbal de los otros, siempre lo estás hablando y, cuanto menos conoces, menos filtro tienes de lo que dices. Lo hablas todo el tiempo y en todo momento. Siempre estás diciendo cosas con tu cuerpo. Le estás diciendo a tu jefe si te interesa o no lo que cuenta en la reunión, a tu pareja qué es lo que piensas de su nuevo peinado y a tus clientes cuál es la razón por la que dudas en hacer esa venta.

El único consuelo que puedo darte ahora que te has dado cuenta de que vives ventilando todos tus secretos la mayor parte del tiempo, es que no todas las personas son capaces de leer las señales no verbales de la comunicación con igual exactitud. Por eso es que *entender* se vuelve una ventaja evolutiva.

Algunas de las cosas que dicen los cuerpos seguro ya las tradujiste por instinto: una voz con duda, unos brazos cruzados o un ceño fruncido, son cosas que todos sabemos. Son las palabras básicas que tenemos que saber al viajar: "gracias", "por favor", "¿cuánto?" y "baño", con eso podemos arreglarnos al turistear, pero parece ridículo que intentemos vivir nuestra vida entera con un vocabulario tan limitado.

Entonces, ¿por qué conformarnos con ir por la vida solo con vocabulario de turista? En las próximas páginas te enseñaré a conocer la ciencia detrás del lenguaje no verbal, que me gusta llamar la "lingüística del cuerpo".

Con la lingüística del cuerpo, aprenderás a identificar tipos de personalidades y cómo reaccionar ante ellas. Se te hará más fácil leer y predecir el comportamiento de las personas que te rodean, ganando beneficios estratégicos y en confianza personal. También te explicaré detalladamente las ventajas que tendrás al tener este conocimiento en tus manos y trabajaremos sobre los diferentes puntos de observación y la traducción de un mensaje completo. Tendremos un capítulo dedicado exclusivamente al arte de la persuasión, para que puedas sacar el mejor provecho a tus nuevos conocimientos y cómo protegernos de quienes quieren usar estas técnicas contra nosotros.

Además, ¿cuántas personas tóxicas te has cruzado en tu día a día?¿cuántas te gustaría haber identificado más rápidamente? Seguramente a todas. Veremos la forma de identificar este tipo de individuos y evitar caer en sus manipulaciones.

Una vez que empieces a entender el lenguaje no verbal y a analizar a las personas que te rodean, no podrás dejar de hacerlo y de llevar este conocimiento a todas las áreas de la vida.

Quiero contarte una de las cientos de anécdotas que tengo, para explicar la importancia de esto que estás por descubrir: Una consultante mía, a quien empecé a asesorar en el tema del lenguaje corporal, vino porque nunca lograba quedar en las entrevistas de trabajo. Había ido a incontables entrevistas y no entendía qué hacía mal, lo había hablado con todo el mundo y sus calificaciones eran más que suficientes para los puestos a los que aspiraba. Cuando realicé un simulacro de entrevista con ella, fue obvio por qué nunca la tomaban. Al hablar con el entrevistador y responder preguntas sobre su formación, se tapaba groseramente la boca después de responder. El taparse la boca después de decir algo se entiende como arrepentimiento o mentira, se lee en lenguaje corporal como un "no debí decir eso" y un instinto evolutivo nos hace desconfiar. La pregunta que seguía era, ¿mi clienta estaba mintiendo en su currículum al decir su formación? No, ella se había recibido en una prestigiosa universidad, pero sentía que no lo merecía porque había pasado por una situación de humillación pública donde la habían convencido de que no merecía sentirse orgullosa de sus logros, por eso los decía con vergüenza, casi sintiéndose culpable de haber alcanzado su título. Eso la hacía taparse la boca después de hablar de sus méritos, lo cual se interpreta subconscientemente como "está mintiendo".

El lenguaje corporal es también una puerta al subconsciente, porque en este caso, no se trataba de una mentira, sino de una creencia adquirida. Ella estaba comunicándole a todo el mundo lo que nunca había procesado, al verlo y empezar a trabajarlo, logró destrabar ese trauma y superar sus limitaciones impuestas.

Podría contarte muchas más experiencias de personas que cambiaron su forma de enfrentar el mundo al entender el lenguaje no verbal propio y de los otros, al hacerse lingüistas del cuerpo, pero quiero explicarte primero qué va a cambiar en tu vida con este libro.

Todos tenemos metas, aspiraciones y sueños, pero las barreras más importantes que separan a las personas de sus deseos, no son externas; son internas. Subconscientemente, todos sabemos hablar el lenguaje no verbal, hay algo *instintivo* en ello, pero cuando existe una traba, en lugar de ir a pedir un favor a la persona receptiva, uno escoge a la persona que dirá que no. También, a veces rechazamos cosas con el cuerpo, cuando mentalmente las deseamos o provocamos peleas sin darnos cuenta. Desconocer el lenguaje no verbal es andar inconscientemente por la vida, dando tumbos sin ver.

Antonin Artaud, novelista, director y actor francés, iba más allá y llegó a decir: "Al asesinar al lenguaje verbal, estamos asesinando al padre de todas nuestras confusiones. Por fin seremos libres. Esto vale no sólo para el teatro. Seremos hombres libres en todo aspecto de nuestra vida". No quiero ir tan lejos, el lenguaje verbal es también importante para la comunicación, ¡pero cuántos malentendidos te podrías ahorrar de prestar más atención a lo que dicen los gestos y el cuerpo! ¡de cuántas libertades gozarias!

Piensa un segundo en cuántas puertas se te han cerrado sin que entiendas la razón, cuántos desplantes sufriste sin encontrarles sentido, cuántas veces alguien te dijo que sí pero después incumplió, ¿y si hubieras sido capaz de evitarlo, de entenderlo, de predecirlo? De eso trata este libro, de darte herramientas para que no salgas a la calle sin un diccionario de lo que todo el mundo habla, de que puedas empezar a entender lo que dicen y a conocer lo que tú dices sin darte cuenta.

Este es el resultado de años de investigación y conocimiento, sintetizado para que sea fácil de entender, sin vueltas, sin tecnicismos complicados ni necesidad de conocimientos previos y, principalmente, sin taparme la boca después de hablarte.

Capítulo Uno:

Siempre Soy Emisor De Un Mensaje En Relación Con Otros

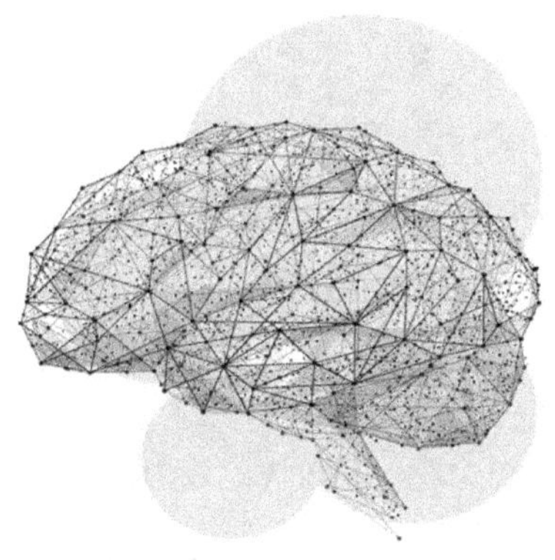

Por el siglo IV a.C., Aristóteles afirmó que el hombre es un *Zoon politikón*, refiriéndose que el hombre es un animal político, entendiéndose "político" como habitante de la ciudad Griega, habitante de la *polis*. Desde este momento se puede identificar un reconocimiento a la importancia de lo "en relación con el otro" y lo "comunitario"de las personas, desprendiéndose una tajante afirmación: el ser humano es un animal social.

Resulta casi imposible imaginar un desarrollo humano sin la presencia de los otros. Sin la interacción de las personas no existirían la cultura, el comercio, el conocimiento, la reproducción, no habría *humanidad*. La supervivencia de la raza está marcada por su interconexión de individuos, por su construcción de *polis* o, en términos menos aristotélicos: por su capacidad de interacción colectiva.

Esta interacción colectiva está sostenida en la comunicación y en pactos tácitos necesarios para la vida en comunidad, pero principalmente se sostiene en la capacidad humana de interactuar y comunicarse con otros seres humanos por medio del lenguaje.

El lenguaje no es únicamente lo que sale de nuestra boca o lo que está contenido en los diccionarios, es el conjunto de información verbal y no verbal que usamos para intercambiar información. Actualmente, se cree que más del

70% de la información que intercambiamos los seres humanos entre nosotros es no verbal y es transmitida por la corporalidad.

En el siglo pasado, Paul Ekman empezó a estudiar las expresiones faciales y las microexpresiones, que hasta ese entonces estaban asociadas con una cuestión cultural, y teorizó que muchas son universales. Concordantemente con Darwin, planteó que esta universalidad de expresiones básicas son una característica evolutiva y no cultural.

Lo cultural también genera un ámbito comunicacional sectorizado, pero se trata de expresiones conocidas por todos los habitantes de un entorno cultural y, por lo tanto, son expresiones conscientes y no necesitan de un análisis lingüístico de lo corporal. Por ejemplo, aunque en algunos países el mostrar la palma de la mano en señal de "stop" implica que se busca que algo o alguien se detenga, en otros esto es un insulto. Por el contrario, hay otras cosas que son una característica cuasi biológica, mover mucho la pierna bajo la mesa significa lo mismo en todas las culturas, es una muestra de ansiedad generalmente poco tolerada por lo molesto para los otros y aquí es donde vamos a indagar.

Vivimos una popularización de temas que antes eran territorio exclusivo de psicólogos, antropólogos y etólogos. Estos postulados sobre la importancia de las microexpresiones, de la conducta y de la corporalidad, actualmente fueron capitalizados y masificados por series de detectives, *Lie to me*, *The Mentalist*, *Sherlock BBC* e infinidad de policiales donde agentes del FBI analizan una ceja, una forma de sostener una copa y que, con mayor o menor base científica, llegan a exuberantes conclusiones, pero la banalización del estudio del lenguaje corporal como entretenimiento tiene efectos interesantes en la sociedad. Una mayor difusión de la importancia del cuerpo en la comunicación, creará emisores más atentos y receptores más perceptivos. ¿Estamos a las puertas de una revalorización de la comunicación no verbal? Los estudiosos de este campo esperamos que sí, porque la riqueza del mensaje del gesto es inconmensurable y merece su reconocimiento.

Somos El Emisor Más Importante De Nuestras Vidas

En el esquema de la comunicación de Jakobson destaca la existencia de un emisor, de un mensaje y de un receptor.

Para poder entender la comunicación no verbal, primero tenemos que entendernos como constantes emisores de mensajes, incluso cuando no lo deseamos. Entendernos a nosotros mismos, para así poder entender las gestualidades en otros es primordial. A veces quienes creen entenderse y comprender a los demás, pero cometen una y otra vez errores sociales basados en la incomprensión de la corporalidad, viven con la falsa creencia de conocerse. Es imprescindible el observarse a uno antes de observar a los otros, porque, si fallamos en observar a un emisor con el que convivimos en todo momento como nosotros mismos, ¿cómo podemos esperar captar información de otros en el microsegundo que duran algunos gestos?

Te propongo un juego, porque no es la idea de este libro detenernos en teorías complejas, sino llevar un conocimiento a la práctica y simplificarte la interacción con los otros para que puedas sentirte más cómodo y disfrutes de innumerables beneficios y ventajas evolutivas.

La próxima conversación que tengas, detente un segundo. Toma nota de las siguientes observaciones:

- ¿Dónde están tus manos?

- ¿Cómo están colocadas?

- ¿Cómo están tus piernas? ¿en qué postura?

- ¿Cuál es la inclinación de tu cabeza?¿miras a tu interlocutor a los ojos?

- ¿Te tocas el rostro?¿dónde y en qué momentos?

- Si la conversación se lleva adelante con una mesa de por medio, ¿cuál es tu ubicación en el espacio? ¿ocupas menos de tu mitad de la mesa o te extiendes por sobre el espacio de los otros?

- ¿Con qué distancia le hablas a las personas?

- Si llevas adelante la conversación con varias personas, ¿hacia quién apuntan tus pies?

Toma nota mental de cada observación que hagas de tu cuerpo y trata de actuar con naturalidad, porque es probable que al empezar a prestar atención a estas señales intentes controlarlas o las alteres de alguna manera. Lo ideal es una charla en un café con un espejo a espaldas de tu interlocutor, para que puedas mirar de reojo tus expresiones faciales. A veces no notamos el movimiento casi imperceptible de los músculos de nuestro rostro porque estamos muy acostumbrados a dejarlos exclusivamente bajo el control de nuestras emociones. Puede ser desconsiderado que observes tu reflejo, por eso lo mejor es tener la conversación de prueba con alguien con quien tengas mucha confianza. Intentalo una, dos, tres veces, las que sean necesarias para que el prestar atención a los movimientos que realices se convierta en una segunda naturaleza, casi como una subrutina que corres por debajo de tu accionar diario para llevar este registro. Seguro te sorprenderás de la cantidad de veces que tocas tu rostro, de que a veces favoreces un lado y otras veces otro, de que no te sientas de igual manera con diferentes personas y de que, a veces, las diferencias son sutiles y otras gigantescas.

Otro buen lugar para la auto-observación es el transporte público, ese espacio donde somos solo cuerpos trasladados de un lugar a otro y todos tratan de aislarse en su propio mundo interno o en su celular para que el tiempo pase rápido. Si el transporte está muy lleno, revisa tu comportamiento al roce de los otros, ¿te corres rápidamente? ¿toleras el contacto con tensión o te es indiferente? ¿usas poco o mucho espacio? ¿te sostienes de los pasamanos altos, los verticales o de los asientos de otros pasajeros? Prueba sonreír y observa a los demás. Prueba fruncir el ceño y lucir enojado, y observa la reacción de los demás. ¿Cuál te es más natural? ¿qué notas en los otros pasajeros? Si bien es preferible realizar la observación en momentos de naturalidad, este tipo de experimentos permiten mantener una atención activa, ya que es normal que, especialmente al inicio, olvides que estás prestando atención. Por lo tanto te aconsejo que hagas pequeños experimentos durante el día: daré la mano izquierda, en lugar de la derecha, y podré prestar más atención al apretón de manos que recibo, copiaré cómo está sentada la persona de enfrente para ver qué produce en mí esa postura, ¿cómo reacciona la otra persona al ver que, sutilmente, imito su forma de sentarse? Son todos experimentos inofensivos que te irán dando nueva información y mayor capacidad de atención.

Como lingüista corporal, creo que mostrar es más claro que decir con palabras, por eso quiero brindarte algunos ejemplos de lectura del lenguaje no verbal que te ayudarán a percibir la diferencia entre manejarse por el mundo entendiendo esta forma de comunicación y sin entenderla. ¡Es como ir caminando por el medio de la calle con los ojos cerrados!

El Vendedor Poco Observador

Estaba en una conocida tienda de electrodomésticos de mi ciudad, observando a un vendedor explicarle a dos clientes las maravillas de un nuevo modelo de televisor. Los clientes eran un matrimonio de mediana edad. Era obvio que el vendedor necesitaba realizar la venta y ponía todo su empeño en ello, seguramente su comisión dependía de poder vender aquel televisor. El hombre miraba hacia otro lado, dejando que la conversación recayera entre su esposa y el vendedor. Parecía, que la señora estaba interesada en comprar el televisor y el vendedor ponía todo de sí para cerrar el trato. En el mundo de los negocios, el tiempo es dinero y un empleado puede atender a uno o dos clientes, cuando mucho a la vez. Elegir el cliente predispuesto a comprar resulta importante y el vendedor estaba pasando por alto las señales no verbales de la pareja. La mujer, mientras fingía interés, no dejaba de frotarse detrás de la oreja. El frotar la oreja o incluso tapar el conducto auditivo es el equivalente a querer bloquear las palabras que escuchamos, porque no queremos escuchar más. Cuanto más hablaba el vendedor de las pulgadas, la calidad y las prestaciones del aparato que pretendía vender, más estaba cansando a su clienta, mientras que el marido, que inicialmente había tenido sus pies apuntando al vendedor prestándole atención, ahora apuntaban hacia otro lugar.

Habrá estado quince minutos intentando venderles a clientes cada vez menos predispuestos a comprar, mientras que otros clientes eran captados por otros vendedores y salían con sus productos. De haber sido capaz de leer las señales no verbales, habría notado la chica cerca de los celulares que revisaba su billetera para cerciorarse de tener el dinero para realizar la compra o la otra pareja que sopesaba dos modelos de tostadoras sin decidirse. Eran ventas más pequeñas que el televisor, pero más seguras. Finalmente, la pareja se alejó sin comprar y la mujer refunfuñando sobre lo pesado del vendedor. Habían ocurrido dos conversaciones paralelas, la del vendedor de: compre, compre, compre, mostrando las palmas y frotándolas por momentos, al imaginar su comisión, y la de la pareja, cada vez más alienados de lo que el empleado de la tienda decía, incluso rogando porque se calle.

De haber notado que estaba perdiendo a su audiencia, el vendedor podría haber cambiado el acercamiento a la venta u optar por dejarlos mirar sin su intervención, priorizando otras ventas. En el tiempo que estuvo con la reacia pareja, se le escaparon varios clientes más receptivos e incluso, el gerente, lo observó de lejos con expresión de reproche. Todo por no escuchar las señales del lenguaje no verbal.

¿Quién Manda Aquí?

Antes de recibirme en la universidad, trabajaba como secretaria en una empresa pequeña. Yo trabajaba directamente para uno de los gerentes, hijo mayor del director. Había entrado hacía poco con otras chicas y, a diferencia de las demás, yo nunca había tomado gran familiaridad con el gerente, quizás por mi personalidad más observadora, tal vez por precaución. Como normalmente estaba en la habitación cuando se entrevistaba con clientes y otros empleados, sirviendo el café o trayendo fotocopias, siempre observaba lo que ocurría en el escritorio.

Las palmas de la mano y su posición dice mucho de la relación entre las personas. En ese momento no lo sabía, pero hay tres posturas en las cuales se puede poner la palma humana: hacia arriba, en posición de sumisión; hacia abajo, en posición dominante, mostrando el dorso de la mano; y hacia abajo apuntando con un dedo, en posición agresiva.

El gerente, cuando trataba conmigo y con los empleados, siempre tenía las palmas hacia abajo, normalmente apoyadas sobre la mesa. A pesar de tener una relación muy informal con algunas de las administrativas que habían entrado a trabajar al mismo tiempo que yo, siempre mantenía las manos en ese tipo de posturas, mostrando el dorso de la mano. Como éramos nuevas en la empresa, no conocíamos al director, solo sabíamos que era el padre del gerente de ventas al que nosotras respondíamos y que, a diferencia de nuestro jefe inmediato, era forjado a la vieja escuela y muy respetuoso del protocolo.

Una mañana, al llegar a la oficina, me doy cuenta que el gerente está con alguien en la oficina. Por la ventana noto algo en su postura que llama mi atención y, en lugar de interrumpir, preferí esperar en la puerta de su oficina. Me quedé mirando, tratando de entender qué era lo diferente y una compañera entró a la oficina con la actitud informal con la que siempre lo trataba, incluso frente a los clientes. Ahí fue cuando lo noté: las palmas del gerente estaban hacia arriba mientras hablaba con el otro hombre, estaba en situación de sumisión. Resultó que estaba hablando con el director de la compañía, a quien no le cayó nada bien la informalidad de mi compañera de trabajo.

Este tipo de sutilezas pueden ahorrar muchos malos momentos y represalias innecesarias. Si ella hubiera notado la forma en la que el gerente se comportaba frente a su interlocutor, habría notado que había una relación de superioridad jerárquica y no habría interrumpido lo que era una reunión importante.

El Novio Peligroso

Una de mis mejores amigas me invitó a comer a su casa, iban otras personas e iba a estar el hombre con el que había empezado a salir y del que no paraba de hablar. Al llegar, me lo presentó y él me dió la mano. Mucho se puede decir de un apretón de manos: puede transmitir una intención de dominio al buscar que tu palma quede hacia arriba, mientras que la otra persona toma la posición dominante con la palma hacia abajo o una actitud sumisa al dejar la palma expuesta. Es normal que los hombres tengan un tipo de apretón dominante porque se les inculca desde pequeños que un apretón fuerte es parte de una actitud masculina, pero cuando uno sabe encontrar un punto medio y de respeto donde el apretón es vertical y la otra persona sigue buscando el dominio hasta convertir el apretón en un "triturador de nudillos", la impresión, más que de una persona naturalmente fuerte, es la de alguien agresivo y necesitado de probar su imagen por la fuerza. En mi vida profesional y experiencia personal, he encontrado muy pocos hombres que tengan este tipo de apretón con las mujeres. No era mi lugar comentar nada de esto, pero me alertó de que era una persona de reacciones impulsivas.

Mi amiga me había adelantado que su nueva pareja era divorciado, así que cuando el tema salió durante la cena lo observé especialmente. Al hablar de la buena relación que mantenía con su ex mujer, no pudo contener una negación con la cabeza. Su boca decía una cosa, pero su cerebro sabía que la verdad era otra. Mientras que una técnica de ventas y persuasión, para convencer a los otros de lo que uno dice es verdad, se fuerza el asentir al mismo tiempo que se dice el comentario, el negar con la cabeza es un reflejo que delata la mentira. El novio de mi amiga era un mentiroso, ¡y un mal mentiroso!

La noche terminó con un sentimiento de angustia. Todos los mensajes no verbales del nuevo novio indicaban peligro, agresividad contenida y mentiras, pero yo todavía estaba aprendiendo a confiar en mis instintos como lingüista corporal. Opté por no decir nada. A los pocos meses me llamó mi amiga desde el hospital, había tenido una pelea con su novio que terminó en un hecho de violencia.

Este ejemplo lo doy con mucha culpa por no haber actuado en su momento y, principalmente, para que puedas, al terminar este libro, empezar a animarte a confiar en tus lecturas. Los instintos están ahí en la memoria biológica, el lenguaje no verbal nos es natural, solo que con el avance de la palabra oral y escrita, nos hemos distanciado de él. Con el conocimiento adecuado, será como despertar instintos dormidos y reconectarse con el cuerpo propio y de los otros. Las comunidades se conforman en base a la comunicación, la no verbal es parte íntegra de nosotros mismos. Siempre somos emisores de mensajes corporales y estamos rodeados de otros emisores, hay que aprovechar este canal comunicacional para reconocer las señales de advertencia involuntarias que las personas sin entrenamiento envían y prepararse para el reto de reconocer las señales más pequeñas que dan quienes sí son buenos mentirosos y manipuladores, porque ellos son los más peligrosos.

Capítulo Dos:

La Personalidad, El Espejo Del Interior Y Cómo Mirarlo

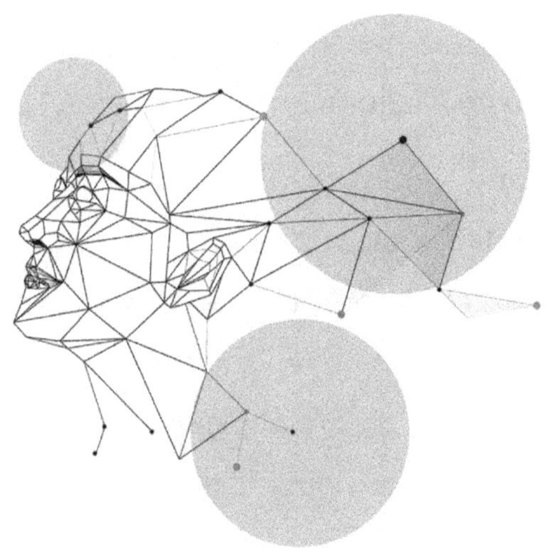

Los tipos de personalidad existentes han desvelado a los psicólogos, científicos, divulgadores, filósofos y hasta astrólogos. Comprender qué tipos de personalidades nos rodean es muy útil para establecer relaciones eficaces con otras personas y ayudarnos a leerlas mejor. Además, ayuda al autoconocimiento y perfeccionamiento.

Desde los tipos de personalidades propuestos por Carl Gustav Jung, los arquetipos de George I. Gurdjieff, los doce signos del zodiaco e infinidad de teorías más o menos probadas y difundidas, los tipos de personalidades parecen haber obsesionado a la humanidad por siglos.

Este libro no promulga que entender las personalidades sea el centro del estudio de la lingüística corporal, pero reconozco que es una ayuda inicial para ir encuadrando a la gente y saber a quienes tendremos que tener más bajo el microscopio para poder entender lo que están pensando. Actualmente, está tomando fuerza una postura científica publicada en la revista *Nature Human Behavior* que estudió cinco dimensiones de la personalidad para generar sus categorías: neuroticismo, extraversión, amabilidad, apertura a nuevas experiencias y responsabilidad, y en ella vamos a explayarnos porque resulta básica y clara, funcionando bien como una herramienta para la lingüística corporal. .

El proyecto de investigación del que surge esta teoría, dirigido por Luis Amaral de Northwest Engineering y conformado con una base de datos de más de 1.5 millones de encuestados, creó cuatro categorías de personalidades: "en la media", "reservados", "centrados en sí mismos" y "modelos a seguir".

En la media

Por más que suene incluso ofensivo ser ubicado en la media, esta sería el referente a una persona sana de características normales. La mayoría entramos en esta categoría y esto significa que hablamos un lenguaje corporal similar. Las personas en la media muestran rasgos normales de responsabilidad y amabilidad; son moderadamente extrovertidos y sufren una inestabilidad emocional un poco más que los Reservados, pero nada patológico. También se considera que son medianamente propensos a buscar nuevas experiencias y aprendizajes.

Reservados

Las personalidades reservadas cuentan con altos niveles de estabilidad emocional y un carácter normal, sin ser abiertos ni neuróticos. No son la persona más extrovertida de una fiesta, pero se presentan como amables y responsables. Es fácil reconocer a una persona reservada porque tienden a evitar el contacto visual y mantienen una burbuja de espacio personal más amplia que los demás alrededor de ellos. Reaccionan mal a los sonidos fuertes, especialmente a los gritos o voces altas y tienden a mantener un manejo del espacio más contenido, una persona reservada no dejará sus pertenencias por toda superficie que encuentre, las mantendrá cerca.

Egocéntricos

Hay algo en ellos que nos "hace ruido". Son muy extrovertidos, pero no hay sinceridad en esta forma de presentarse. Además, como el nombre lo indica, son personalidades egocéntricas. Este tipo de personalidad está presente mayormente en adolescentes, porque es el momento donde se afianza la individualidad, pero también en adultos con personalidad tóxica. Lo que es "sano" en la adolescencia de vivir posando para la foto, siempre estar atento a la opinión de los otros y cubrir las inseguridades con soberbia, se vuelve patológico cuando la encontramos en una persona adulta. Podemos identificar este tipo de personalidades porque no dejan que los otros terminen las frases, casi siempre centrados en sus opiniones sin tener en consideración la existencia del otro.

Modelos a seguir

Son personalidades líderes, emocionalmente estables y trabajadores. Son personalidades más "maduras", muy raras en personas jóvenes, lo que no quiere decir que todas las personas de edad lleguen a ser modelos. Una característica de una personalidad modelo es su capacidad de escuchar, notarás que son personas que meditan lo que van a decir y tienen en cuenta la opinión de los otros. Corporalmente, los modelos tenderán a tocarse más la barbilla al escuchar a los otros hablar.

La Personalidad No Es Estática

Las personalidades según estos cuatro tipos son solo orientativas, porque no será lo mismo leer el lenguaje no verbal de una persona reservada que de una egocéntrica. Igualmente y como adelanté durante el desarrollo de estas cuatro categorías: las categorías no se aplican al nacer, mutan y evolucionan con el tiempo. Mientras que las personalidades autocéntricas son normales en la adolescencia, conforme maduramos es normal ganar en amabilidad, responsabilidad y relaciones con los otros. En nosotros esto influirá en la lectura que hagamos de alguien, porque una persona que notemos reservada se leerá de manera diferente que una media.

Cuando notemos que un individuo tiene una personalidad principalmente reservada, hay posturas que adquirirá que no son necesariamente indicativos de mensajes no verbales; es la forma en la que siempre se proyecta. Mientras, que las mismas acciones en una persona de características egocéntricas y alta extroversión, se entenderán de manera muy opuesta.

No hay recetas mágicas para adecuar la lectura a cada persona, es una cuestión de prueba y error y de ir registrando más conscientemente a las personas a nuestro alrededor. Es probable que casi toda la información de este libro pueda aplicarse a la mayoría de los individuos con personalidades dentro de la media, mientras que las personas reservadas, egocéntricas y modelo necesitarán de la toma en consideración de sus actitudes propias de la personalidad. Para poder hacer una lectura completa y acertada de alguien, hay que saber leer los gestos pero también compaginar esta lectura con su personalidad natural. De no poder tomar en cuenta la personalidad intrínseca de la persona, podremos hacer una lectura, pero será mucho más superficial y más propensa a errores de lectura.

Las Personas Más Cercanas

Para tratar de sacar la personalidad de una persona y no solo encuadrarla en los cuatro arquetipos básicos, podemos observar ciertas características físicas muy notorias. También, es importante tener en cuenta la cercanía que uno tiene con la persona que quiere leer. Los psicólogos, por ejemplo, no pueden tratar a sus hijos o seres cercanos, lo mismo no es recomendable para médicos y otros profesionales, porque la cercanía puede nublar su juicio.

Un tema a tener en cuenta será la edad de la persona, porque los individuos más jóvenes están forjando su personalidad y, si bien usan también lenguaje no verbal y es probable que sean mucho más francos con él que las personas adultas, es importante tener en cuenta su volubilidad y energía inherente a la juventud. A veces los jóvenes se enfocan menos en las cosas, lo cual puede superponer mensajes. Antes de considerar que un adolescente está mintiendo en lo que dice por un mensaje no verbal que logramos entender, es importante preguntarnos si no está pensando en varias cosas a la vez y su atención no salta entre esos pensamientos. También, es posible que las personalidades reservadas sean todavía más drásticas en la adolescencia, causando que una persona reservada se presente como un joven excesivamente tímido que jamás hace contacto visual.

Cuando leas corporalmente a hijos o personas muy cercanas, es importante que tengas siempre presente tus propias expectativas y prejuicios, porque puede ser que te estás predisponiendo a un tipo de respuesta y eso llevará a que busques todos los indicios que sirvan para afianzar tu supuesto. Llamo a esto una "profecía autocumplida" y es algo muy peligroso de empezar a leer a las otras personas, por lo cual siempre es importante primero leerse y conocerse a uno mismo. Es bueno hacernos preguntas: ¿Yo tengo una expectativa en esta interrogante? ¿cuál es mi expectativa? ¿estoy haciendo una observación objetiva o solo busco los signos que sirvan para confirmar mi expectativa?

Por ejemplo, si crees que tu hijo te miente con algo y buscas solo indicios de mentira, probablemente los encuentres. Es preferible que hagas énfasis en la importancia de tu confianza y cómo la depositas en él para que la cuide. Revisa tus mensajes corporales: ¿estás irradiando comprensión, agresividad, empatía? Ten en cuenta que somos susceptibles a los mensajes corporales desde lo emocional a muy temprana edad, no es necesario estudiar lingüística corporal para tener una reacción emotiva profunda a un mensaje. También las circunstancias en las cuales leemos a una persona afectarán su reacción, el estrés a veces no es producto de la mentira, sino de la situación en la cual está.

Lo que quiero decir es que si bien la lingüística corporal es imprescindible para movernos en el mundo social, es una tentación caer en la desconfianza patológica de todos los que te rodean. Por esto mismo, es muy importante que el primer sujeto de observación seas tú mismo. Tus límites, tus emociones, tus reacciones y preconceptos de la gente deben ser más conocidos por ti que las vocales. El momento para leer una persona es un segundo, es instinto, observación y conocimiento conjugados en una danza perfecta que lleva a un resultado. Este resultado puede marcar las futuras interacciones con otro individuo o marcarnos a nosotros. No busco generarte dudas; tienes las principales herramientas para poder hacer esta conjunción de factores en tus manos, pero nunca obtendrás una lectura "limpia" y acertada si no conoces primero tus preconceptos y ideas previas con respecto a la pregunta que te estás haciendo.

Ya Me Observé A Mí, ¿Qué Más Puedo Mirar?

Para conocer a las personas más allá de su arquetipo de personalidad y rápidamente, hay una serie de trucos básicos que quiero compartir contigo. No son parte de una lectura avanzada, en la cual ahondaremos más adelante, pero te darán una idea rapidísima de con quién estás tratando en menos de un minuto. Son los elementos que componen la llamada "primera impresión" y es importante conocerlos porque, así como siempre los observamos en otros sin darnos cuenta, también son los puntos más observados de nosotros mismos.

- Los zapatos: sí, los zapatos son parte de la primera impresión que damos y recibimos. El estilo de los mismos, su costo estimado y el estado de conservación indican rasgos de la personalidad. En las mujeres, el uso de tacones finos da una impresión de poder y de ser inalcanzable, además de que está asociado fuertemente a lo sexual, mientras que el uso de zapatos cómodos da la impresión de personalidades más afables y accesibles. La tirantez con la que están anudados los cordones, cuando no son deportistas profesionales, habla sobre la habilidad de adaptabilidad de una persona y su perfeccionismo. Unos cordones muy ajustados no dan lugar a imprevistos y denotan una búsqueda de la perfección, mientras que unos cordones flojos son una característica más común en jóvenes, artistas y personas flexibles o despreocupadas de su aspecto personal, también pueden dar una impresión de dejadez.

- Los ojos: algunas medicinas alternativas incluso pueden evaluar el estado de salud por el estudio del ojo, pero a nosotros nos interesa más las miradas. Dicen que los ojos son el espejo del alma y, en cierto sentido, es así. La humedad que generan, si miran de frente o se pierden en la izquierda o la derecha son indicios sobre los que trabajaremos más adelante, pero los ojos y el movimiento ocular siempre son un punto de observación, más porque tiende a ser de los más difíciles de controlar a nivel consciente.

- Un apretón de manos: como ya vimos, una forma efectiva de forjarnos una primera impresión bastante acertada es darle la mano a alguien. También es importante tomar en cuenta la temperatura de la otra mano y si está o no húmeda, estos son indicios de nerviosismo y de personas ansiosas. También, hay algo innegable en la química del cuerpo, y al dar la mano uno entra en contacto. Es muy probable que muchas afinidades químicas con una persona puedan percibirse en ese momento, después de todo el tacto y el olfato son dos de nuestros sentidos menos conquistados por la deformación social como la vista y el oído.

- El estado de las manos: si las uñas están limpias y cuidadas nos encontraremos con un tipo de personalidad más pulcro en todo, incluso en lo emocional, mientras que unas uñas descuidadas o sucias pueden indicar una personalidad menos mental y más dada a la acción. El morderse las uñas denota personas tensas, nerviosas y perfeccionistas al punto de la flagelación, por más pequeña que sea. Las mujeres de uñas largas tienden a estar más a la defensiva que quienes las usan cortadas al ras (no es lo mismo cortadas que comidas), que son personalidades más accesibles.

• El color de la ropa: según la psicología del color, los colores tienen una influencia en nuestras emociones, tanto al encontrarnos con alguien que los viste como al elegirlos para nuestra ropa. Por eso es importante prestar atención a los colores seleccionados por las personas, incluso si eligen el color "de moda", lo que están diciendo es algo sobre su percepción del mundo y el cómo deciden presentarse. Si la persona es muy seguidora de las modas, podemos notar que se acopla a las tendencias y busca agradar por sobre su gusto personal, porque una cosa es alguien que sigue una moda y otra quien las sigue todas. Después, el blanco y el negro indican atemporalidad, el primero pureza y pulcritud, además de cierto perfeccionismo y distancia, mientras que el negro indica poder y sofisticación, aunque las personas que visten de negro suelen creer que es una manera de pasar desapercibidas; el amarillo indica una personalidad cálida y optimista, generando una sensación de ser afable y accesible; el verde indica frescura, es un color orgánico y sereno, está asociado con valores y ética; el azul es un color que causa serenidad, es un generador de tranquilidad y las personas que visten mucho de azul tienden a buscar puntos medios naturalmente, y como contraposición al rojo impacta y genera sentimientos de energía en movimiento (sea dinámica, sexual o de otro tipo).

Capítulo Tres:

Descubriendo Este Nuevo Lenguaje

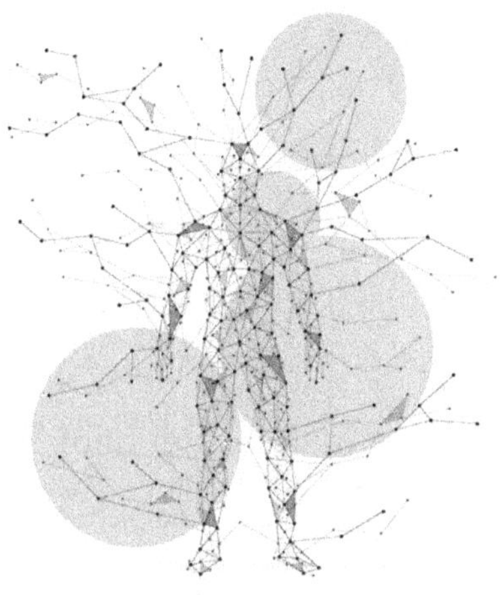

El libro "La expresión y las emociones en el hombre y los animales" de Charles Darwin fue publicado en 1872, mucho hemos avanzado en la lectura de la no verbalidad desde entonces, pero es interesante notar como grandes figuras le dedicaron su tiempo a los estudios preliminares de lo que hoy encuentras compilado en este texto. ¡Y no es para menos! Estudios confirman que cuando enviamos un mensaje, un mínimo del mismo son palabras, un porcentaje mayor del mensaje está compuesto por entonaciones, matices del habla y sonidos, y hasta un 70% por ciento del mensaje puede ser contenido no verbal.

El contenido verbal es el más racional de los tres, el habla pasa siempre por el intelecto y es más normal que tenga incorporados los filtros y convenciones sociales predominantes al momento de emisión; mientras que las entonaciones, los matices del habla, el sonidos y los componentes no verbales están más conectados con las emociones y la personalidad subyacente del sujeto emisor. El mensaje estará compuesto por la suma de todos los factores, incluso los que llevan consigo la domesticación de la sociedad moderna, porque el ser humano es un conjunto y, si bien se puede hacer un fraccionamiento para el análisis, toda lectura que no sea global y orgánica tendrá en sí misma la semilla del error.

Igualmente, no sientas que fracasas si al principio

solo te centras en leer los mensajes no verbales que tu emisor comunica con las manos, el rostro y la postura corporal, porque es una necesidad del ser humano el ir dominando las cosas paulatinamente. Recuerda el dicho que dice que nada es imposible de lograr si lo divides en pequeñas etapas y vas cumpliéndolas una a una, así se escalan montañas, se construyeron todos los inventos, hicieron descubrimientos y hasta se llegó a la luna. Con tiempo irás compaginando las diferentes lecturas hasta lograr la totalidad.

Quiero explicarte cómo funciona lo que queda del libro, porque hasta aquí estuvimos introduciendo nuevos conceptos y viendo ejemplos del funcionamiento de la lingüística del cuerpo. Los próximos capítulos estarán dedicados exclusivamente a cada sección del lenguaje no verbal, de modo que al empezar el estudio puedas ir realizando esta fragmentación de la que hablamos recién. Me parece importante recordarte la importancia de no considerar una lectura de una persona como definitiva hasta no haber sumado todos los factores, pero también a seguir tus instintos. Aunque parezcan conceptos contradictorios no lo son: vienes leyendo instintivamente los mensajes corporales toda tu vida, los conoces, has sobrevivido años en un ambiente de manera instintiva y es importante mantener la fe en esa intuición o pálpito que tenemos en algunas situaciones. Sea alta, buena o baja tu intuición con las personas, es la base de la que partirás y no debes desmerecerla. Ahora comenzarás a agregarle más herramientas a esa percepción innata. También deberás recordar que somos un producto de nuestras circunstancias, por lo tanto es importante tomarlas en consideración: en los gestos influyen el clima, la elección de la vestimenta, el estrés del momento, un dolor de cabeza o la música de fondo.¡Una vez escuché de un principiante de la lectura del lenguaje no verbal que acusó de mentiroso a alguien que tenía caspa! El tic de rascarse la cabeza puede ser tanto en relación a lo que está diciendo como una necesidad fisiológica y no puedes desconocer que muchos factores externos influyen en nuestro comportamiento. Las posibilidades y variables son infinitas y estará en ti filtrar las que consideres pertinente para realizar una lectura acertada, evitando caer en las "profecías autocumplidas" que pueden ser tan riesgosas para la propia salud mental.

Si bien este arte se basa en estudios científicos y puede ser considerado una ciencia, prefiero considerarlo eso: un arte, pues se trata de una actividad más cercana a la de un artesano o un artista que a un matemático que suma los factores y obtiene un resultado.

Es probable que todo esto te genere una desorientación inicial, porque todo aprendizaje profundo no es tal si no sacude un poco las bases de lo que veníamos considerando verdad.

Podemos compararlo con aprender a conducir, el manejar parecen un montón de factores dispersos: que el volante, que el embrague, que la palanca de cambios... ¡y no olvidemos la llave de inicio! ¡y las señales de la calle, los otros audios, la radio y mil factores más!. Infinidad de información sobre los peatones, el estado de la carretera y si queda o no combustible, son todas informaciones que se van compaginando para que el conductor pueda avanzar entre otros autos. Al principio es abrumador, pero después resulta incluso ridículo que en algún momento nos haya parecido mucho, ¡si es muy natural! Lo mismo ocurre con la lingüística corporal. Al principio uno debe aprender el funcionamiento de una cosa, de un fragmento, después de otro y otro más hasta poder comprenderlos todos y poner en funcionamiento el auto para avanzar con confianza. Podemos detenernos en ser unos grandes especialistas de la llave de ignición, pero si nunca aprendemos el manejo de los pedales, nunca pondremos en funcionamiento el auto. Por esto es que te aconsejo que primeramente hagas una lectura total de los elementos de análisis presentados en los próximos capítulos, después empieces la práctica de cada uno en auto-observación y, recién luego de haberlos ubicado en la propia corporalidad y forma de comunicación, los empieces a buscar en otros.

El Silencio Es Un Aliado

Más adelante hablaremos sobre los efectos sociales de la popularización de la lingüística corporal en sus diferentes escuelas, pero por ahora quiero hacerte una advertencia amistosa. Cuando inicies el estudio del lenguaje no verbal, no lo compartas con personas con las que no tengas confianza absoluta o a quienes desees hacer compañeros de prácticas o de estudios, porque se alterará el comportamiento de todos los que conozcan de tu nuevo interés.

Imagina que tu jefe te diga que está estudiando la lectura de los gestos para descubrir mentirosos, manipuladores y poder leer mejor a las personas. Es muy probable que lo haga, porque las personas en posiciones de importancia siempre cuentan con este entrenamiento, pero desde el momento que te lo diga y lo tengas por verbalizado, tu forma de moverte a su alrededor será diferente, cuidarás tus gestos y hasta comenzarás a evitar las interacciones que te sean posibles. Lo mismo ocurrirá con amigos, familiares u otras personas con las que venías interactuando de manera despreocupada hasta el momento.

La idea de comprender el lenguaje corporal es tener una mejor inserción social, reconocer las advertencias con tiempo y no perderte los mensajes con los que siempre te están bombardeando y de los que no tienes noción, de ninguna manera tiene como objetivo andar señalando mentirosos por la vida.

Tampoco es necesario que hagas un anuncio de que estás estudiando comunicación no verbal para poner en sobreaviso a los que te rodean, basta con un comentario aparentemente inofensivo como "¿por qué tu sonrisa es falsa hoy?" para que la gente tome una actitud defensiva que será contraproducente con las intenciones con las que estudias esto.

El lenguaje corporal es no verbal y así debe mantenerse, verbalizar su uso rompe el pacto tácito sobre el que se maneja y construye la interacción social. La pregunta debe mantenerse dentro de la percepción intuitiva, algo como "¿estás seguro de que estás bien?", en lugar de desenmascarar una falsa afirmación de bienestar, eso ayudará a resaltar tu lado perceptivo e intuitivo, manteniendo una imagen empática sin hacer que los individuos entren en actitud de alerta y resguardo al interactuar contigo.

Capítulo Cuatro:

Extremidades Superiores

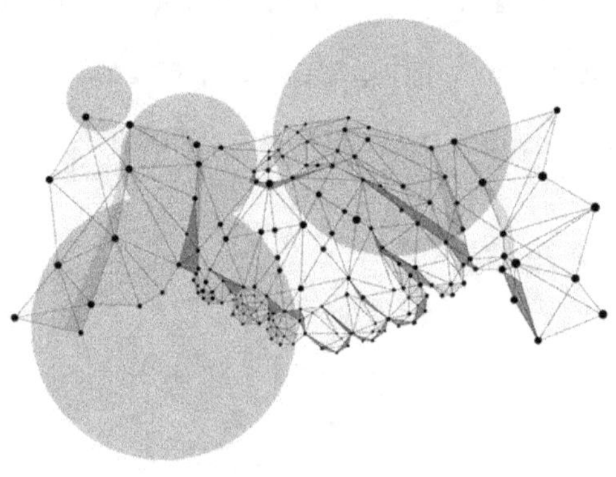

Tomaremos en este segmento los brazos, las manos y los hombros. Las palmas de las manos ya dedicamos unas palabras antes, pero hay más cosas que pueden realizarse con ellas.

Acariciar La Barbilla

Cuando una persona se acaricia la barbilla con el índice y el pulgar, una actitud muy común en los hombres que tienen o han tenido barba, está analizando lo que se le dice para poder tomar una decisión. Además, si observamos los dedos seleccionados para el acto notamos que justamente son el pulgar y el índice, siendo el primero el dedo de la autoridad y de la aprobación. Cuando algo está perfecto se extiende el pulgar como señal.

Por el contrario, el dedo índice es el de la acusación, y cuando se usa para señalar en una discusión es una negación a la postura del otro.

La persona que cabila tocándose la barbilla con estos dos dedos se encuentra entre dos posibles respuestas muy disímiles, por un lado brindar su aprobación y por el otro negarse a todo de manera tajante y hasta agresiva. Es el momento de la negociación para inclinar la balanza a nuestro favor.

Apuntar Con Un Dedo O Mano Extendida

Como vimos en el punto anterior, el señalar a alguien con el dedo índice en una discusión tiene una connotación agresiva. Lo mismo el apuntar con la mano extendida, que representa un reto o puesta en su lugar proveniente de una persona que busca mantener el control de la situación.

Este gesto común de madres a sus hijos, con la mano extendida sacudirla en señal de un posible castigo, es una buena representación. Aquí la velocidad del movimiento indicará la ligereza con la que se dice, si es un movimiento rápido y espasmódico no hay tanto énfasis en lo dicho como si son movimientos largos, pausados y profundos de señalamiento.

Brazos Cruzados

Cuando se cruzan los brazos uno sobre otro se busca poner una barrera entre el otro y nosotros. Quienes toman esta postura habitualmente se sienten constantemente atacados y en la necesidad de protegerse o proteger algo (quizás una postura o una opinión).

Los brazos cruzados son interpretados como una búsqueda de cerrarle caminos al interlocutor, es la postura del guardia de seguridad en la entrada de un local bailable o un gladiador presentándose ante la multitud. Cuanto más firme sea el cruce de brazos, mayor será la oposición que uno enfrenta.

Las manos no están listas para la acción, se presenta una postura de poder por la mera imposición física. Incluso cuando es usada por niños, el mensaje es "de aquí no me moverás", defendiendo su territorio y cerrándose a otras opciones.

Caricia Del Rostro Mostrando El Cuello

Es un gesto principalmente femenino, refiere a una suave caricia que recorre la mandíbula y expone el cuello. Se trata de gesto es seductor porque muestra puntos vulnerables como son el cuello y la muñeca. Cuando una persona usa técnicas de seducción femeninas expondrá sus puntos vulnerables para mostrarse receptiva, mientras que una persona que utiliza un lenguaje no verbal más masculino optará por posturas de dominio.

De Pie Con Manos Entrelazadas A La Altura De La Pelvis

Los dedos entrelazados formando un receptáculo, las manos en descanso cayendo a la altura de la pelvis, es una postura de escucha. La situación es agradable, la persona recibe lo que se le dice y muestra las palmas de las manos.

Dedo Índice Al Costado Del Rostro, Pulgar Hacia La Oreja

Si observamos esta postura de costado, notaremos que índice y pulgar forman una "L". El dedo índice se apoya en el costado del rostro, pero el pulgar está cubierto. Nuevamente, hay una preparación para una decisión como cuando estos dos dedos acariciaban la barbilla, pero aquí la aprobación del pulgar está escondida, sujeta a lo que no quiere escuchar. Es una posición de defensa, porque es el dedo índice el más visible. Dependiendo de si es el lado izquierdo o el derecho, dependerá si la persona percibe un ataque emocional o racional, respectivamente.

Dedo Índice Al Costado Del Rostro Tocando La Nariz, Pulgar Hacia La Oreja

Casi idéntica a la postura anterior, pero esta es una clara señal de advertencia para el interlocutor. Hay algo que al emisor "le huele mal" y se lo está haciendo saber al tocarse la nariz.

Golpecito En La Espalda

Una persona que nos dice algo y nos da unos golpecitos en la espalda está intentando empujarnos en la dirección que le interesa que tomemos. Es también una forma de dominio, "deseo llevarte hacia allá", sea literalmente o en un planteo. También, quien toca la espalda del otro tiene la posibilidad de atacar sin que se entere, no solemos dejar que extraños toquen nuestra espalda po ser un flanco vulnerable. Quien hace esto lo sabe y, aún así, toca la espalda en busca de influenciarnos. es un empujón hacia la dirección deseada.

Cuando los golpecitos en la espalda son dados dentro de un abrazo, es porque la persona que los da ya tuvo suficiente contacto físico y está pidiendo que termine la invasión a su espacio personal.

Juntar La Punta De Los Dedos Al Hablar

Esta posición donde se juntan las puntas de todos los dedos para sostener las manos una con la otra, es una postura de seguridad y confianza. También está asociada con la interconexión de los dos hemisferios del cerebro, siendo una postura que favorece el pensamiento racional, emocional por igual e irradia autoridad. La postura de las puntas de los dedos tocándose fue denominada por Birdwhistell como "formación de ojiva".

Cuando en una conversación alguien utiliza esta postura con los dedos apuntando hacia arriba, está en actitud de emisión de una opinión (aunque no verbalice lo que piense), mientras que al poner los dedos hacia abajo, está escuchando lo que los otros dicen.

Mano Sobre Corazón

El tocarnos en corazón con la palma de la mano indica un pedido sincero, aunque este gesto debe ser rápido porque sino le estaremos mostrando el dorso de la mano a nuestro interlocutor.

Mano Sobre Otra, Agarrando Con Izquierda La Derecha O Viceversa

También es un gesto de pedido como la mano sobre el corazón, pero aquí no hay sinceridad. Se asemeja a la postura que toman las manos durante una pulseada, pero con ambas manos pertenecientes a una misma persona. Hay un agarre, un querer retener al interlocutor para que acate nuestra súplica. El mismo puede ser forzado por un engaño como por una desesperación, aunque es más normal que la solicitud de ayuda sincera se dé con la mano sobre el corazón.

Manos Detrás De La Espalda

El caminar o pararse con las manos detrás de la espalda es signo de confianza y seguridad, al tener las manos detrás de la espalda no podría defenderse rápidamente de un ataque y deja al descubierto el pecho y la zona genital. Esta no es una señal de sumisión, sino de confianza "nadie va a atacarme", "aquí estoy yo" son los mensajes que envía esta postura.

Manos En La Cintura Con Brazos En Jarra

Las manos a la cintura, formando las asas de una jarra indica juzgamiento. Hay una censura hacia el interlocutor, probablemente se esté dando un reproche y el discurso corporal se interpreta como un "te lo dije". Es común al regañar a niños pequeños adoptar esta postura, agregándole el que por la altura del adulto, se observa al niño desde arriba adquiriendo una distancia y soberbia palpable. Por eso, cuando se regaña a un niño, es recomendable no adoptar esta postura que puede despertar hostilidad, por el contrario, agacharse a la altura del niño y explicarle la situación con calma, mostrando las palmas es lo mejor. Esto ayudará a formar un carácter menos rebelde y caprichoso, y más abierto a entender a los demás.

Manos En Los Bolsillos

Las manos en los bolsillos pueden indicar varias cosas de acuerdo a su posición y ubicación, esto no debe interpretarse como la única opción, especialmente en invierno donde el clima puede forzar al interlocutor a colocar sus manos en los bolsillos.

Ambas manos completamente en los bolsillos indica inseguridad, baja autoestima e incluso avaricia. Se trata de alguien que esconde sus manos para no mostrarlas en ninguna postura. Es alguien que "esconde cosas".

Cuando la persona solo deja dentro de los bolsillos el dedo pulgar también es un signo de inseguridad, ya que el pulgar simboliza el poder. Por el contrario, cuando se deja el pulgar afuera del bolsillo pero se guarda el resto de la mano, es una posición de descanso confiada.

Manos Enlazadas

Las manos con los dedos entrelazados es otra postura muy común. Hay una relación entre la altura a la que se muestran las manos y lo intransigente de la persona que las pone así. Bien altas, al estar sentado y con los codos sobre la mesa, las manos pueden llegar a servir de apoyo al mentón e implican una cerrazón a lo que dice la otra persona. También, en esta postura se muestran ambos dorsos de las manos, con los dedos trabados entre sí, lo cual indica que no hay una transición fácil a una postura más amigable.

Esta actitud hostil también está cuando las manos descansan entrelazadas sobre la mesa, pero la barrera con la otra persona no es tan grande. Finalmente, entrelazadas a la altura de los genitales es, como vemos en otro punto, una posición de descanso cuando se muestran las palmas formando un receptáculo, pero de defensa al mostrar el dorso de las manos.

Manos Entrecruzadas Detrás De La Cabeza

Aquí también las manos están entrelazadas, pero detrás de la cabeza. Es normal observar que la gente adopta esta postura al sentarse o al recargarse en alguna superficie. No vale la pena mantener una discusión con una persona que adopta esta postura, puesto que no nos está escuchando. Es una postura de soberbia y de sobraduría, donde descansa su cabeza (donde guarda sus pensamientos enaltecidos al infinito) en sus manos entrecruzadas. Es una postura también de descanso, pero siempre guarda una connotación de mirar a los otros desde arriba.

Morder Objeto

El morder un objeto, sea un lápiz, los lentes o anteojos, cuando se está escuchando es indicativo de una escucha atenta, pero que no llega a comprender. Ante este aviso no verbal, lo correcto es cambiar la metodología de explicación para facilitarle el entendimiento al interlocutor, aprovechando que se cuenta con su atención en ese momento.

Morderse Uñas

Las uñas y los dientes son las herramientas de defensa más notorias de la fisonomía humana, el morderse las uñas indica una inseguridad y ansiedad, probablemente sea una persona que se prepara para recibir un ataque pero que no se siente seguro de poder contrarrestarlo, entonces destruye sus armas (las uñas). Es un indicio de algo contenido, sea el deseo de atacar, el miedo o la ansiedad por una situación pasada. Las personas que se muerden las uñas a menudo experimentaron algún trauma en la infancia que los hace padecer los ataques de los demás en lugar de contrarrestarlos.

Mover Las Manos Exageradamente

Si durante una conversación, tu interlocutor, quien tenía un lenguaje no verbal muy moderado con las manos al inicio, empieza a gesticular enfáticamente, es porque busca atraer tu atención. Es una forma de tratar de atraer la atención al notar que el otro se dispersa.

Movimientos Nerviosos Y Jugar Con Objetos

Los movimientos aleatorios con los ojos, donde se fija la vista en diferentes puntos que no son el interlocutor y el jugar con lapiceras, celulares, puntas de la vestimenta, etc., indican falta de atención y que la persona que realiza estos gestos está pensando en otra cosa y no en la conversación en la que está envuelto.

Palmas

El frotar las palmas de las manos una con otra es una forma en la cual las personas comunican una proyección positiva a futuro, expectativa y deseo. Si observamos una mesa en un casino, veremos que antes de que se ponga a girar la ruleta o terminen de caer los dados, muchas personas frotan las palmas de sus manos con expectativa, anhelando un golpe de suerte o un beneficio. Este gesto también ha sido usado para indicar ambición en los personajes del cine, pero ¡atentos a la velocidad del gesto! Un frotado de palmas veloz y fugaz indica una expectativa positiva, pero un frotado lento y pausado da una impresión negativa de una persona calculadora y con un deseo oculto, es una expresión de "maquinación" que se torna cada vez más turbia conforme se ralentiza.

Como venimos viendo con anterioridad es importante tener en cuenta las circunstancias externas, hay personas que tienen mala circulación y tienden a frotar sus manos con mayor frecuencia, aquí el gesto no es un indicativo de lenguaje no verbal sino una necesidad biológica sistémica.

Y como vimos anteriormente, la orientación de la palma de la mano puede indicar dominio (cuando está el dorso hacia arriba) o sumisión (cuando se expone la palma de la mano), esto también es usado para generar confianza en la otra persona. Las palmas expuestas dan una sensación de "no soy una amenaza, busco conciliar" por eso observamos este gesto en negociadores en situaciones de rehenes, pedidos de paz y cuando se desea tranquilizar a alguien alterado. La exposición de las palmas muestra que no se esconden armas, reconoce que la situación está bajo el dominio del otro y por lo tanto debería calmarse y escuchar nuestros argumentos. Se trata de un gesto apaciguador, no solo de sumisión.

Rascado De Nuca

El rascado en la nuca indica una disconformidad, de aquí viene la expresión de "se le erizaron los cabellos de la nuca", porque hay comentarios que producen eso y la reacción no verbal es rascar o frotar.

Rascar Oreja, Nariz, Frotar Ojos O Toca La Boca

Todos estos gestos pueden resultar indicativos de una mentira y/o un ocultamiento. Al frotarse la oreja también se indica que no se quiere escuchar lo que se está diciendo en ese momento o que no quiere escuchar sus propias palabras, porque su veracidad puede ser puesta en duda.

El rascar, frotar o tocar la nariz es también

llamado "el saludo universal de los alérgicos", por lo cual hay que estar atento a no confundirlo con un mensaje no verbal cuando es un tic producto de tener seguido la nariz irritada, pero cuando es parte del lenguaje corporal, el tocarse la nariz indica que algo huele mal en esa situación y no se desea seguir oliendo eso. Puede indicar desagrado por lo que se le está diciendo, cuando quien se toca la nariz es el receptor del mensaje y puede indicar que tampoco le agrada lo que está diciendo, cuando quien se toca la nariz es el emisor.

El frotar los ojos o taparse la boca es un ocultamiento, el primero indica que no se desea ver a la otra persona, sea porque percibe mentira o porque las está diciendo y el taparse la boca es un gesto que indica arrepentimiento de lo dicho.

Recargarse En Objetos O Personas

El recargarse en un objeto o en una persona es un mensaje de reclamo, quien pone su peso sobre algo está declarando su dominio y que ese objeto o persona es de su posición. Podemos verlo claramente en el hombre que se compra un auto nuevo y, al mostrarlo, se recarga en la carrocería o la mujer que se deja abrazar por detrás por su novio y recarga su peso en él. Ambos son mensajes de posesividad y de advertencia hacia los demás.

Sostener Objeto Con Ambas Manos, Cubriendo La Zona Genital

Sostener las manos sobre la zona genital es un mensaje de inseguridad y de protección, cuando se sostiene un objeto (una cartera, una taza, una botella de agua o un abrigo) se está además agregando la barrera protectora extra. Esta postura es muy habitual en mujeres u hombres subalternos, que colocan la cartera o el maletín cubriendo la zona genital cuando reciben una reprimenda en el trabajo. Si sostienen el objeto con ambas manos, es un signo de mayor inseguridad y vulnerabilidad.

Tocar Anillo De Casamiento

El tocar el anillo de casamiento es un indicativo de querer cerciorarse de que sigue ahí, de que la relación está bien y es estable. Tocar el anillo al hablar es un apoyo emocional para muchas personas, porque les recuerda la relación en la que están. Es habitual en personas que usan mucho el "nosotros" para plantear propuestas o temas, porque sienten mayor seguridad en la cantidad y no en hablar por sí mismas.

También, si a una persona se le pregunta por su marido o esposa y al momento de contestar se toca el anillo, es porque está teniendo algún problema dentro del matrimonio y está queriendo cerciorarse de que la relación sigue ahí a pesar de las dificultades.

Tocarse La Zona De La Tiroides

El llevar la mano al cuello y tocarse el frente o la zona tiroidea puede leerse como un intento de cubrirse ante un ataque. El cuello es una de las zonas más vulnerables del cuerpo, por lo tanto el cubrirlo es signo de ser consciente de esa vulnerabilidad y querer cubrirse de un posible ataque. Es una forma de defensa, las personas que toman este gesto en lugar de caer en corporalidades más agresivas tienden a la sumisión y a resistir más que devolver.

Tomarse De La Muñeca Y Taparse La Zona Pélvica

Es lo mismo que cuando se sostiene un objeto, pero en menor medida. Conforme vamos subiendo la mano por el brazo que sostenemos mayor es la inseguridad que siente la persona que realiza la acción. Tomarse del codo y taparse la zona genital con las manos indica más inseguridad que tomarse solamente de la muñeca.

Capítulo Cinco:

Miembros Inferiores

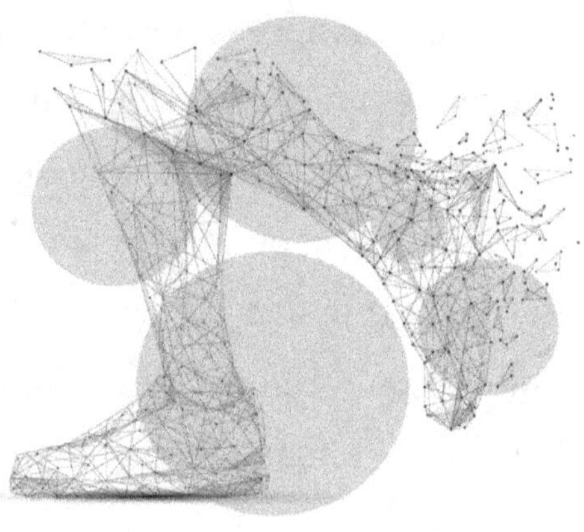

En este capítulo veremos el análisis de los movimientos de los pies, las piernas y las rodillas, tanto en las posiciones que el cuerpo puede adoptar estando de pie como sentados. Lo interesante del lenguaje de los miembros inferiores del cuerpo es que siempre resulta más instintivo que el de los miembros superiores. La gente se entrena y acostumbra a hablar con las manos, haciendo énfasis consciente de lo que dice o lo que evita hacer, pero pocas personas prestan atención al lenguaje de sus piernas, por eso resulta mucho más indicativo de las reales intenciones del emisor.

Quiero guiarte a través de este razonamiento un segundo, para que puedas empezar a encontrarle la lógica la traducción del lenguaje corporal. Cuando las personas hablan y gesticulan con las manos, normalmente observan estos movimientos o los "sienten", la mayoría de los seres humanos estamos más conscientes de lo que ocurre cerca de nuestros rostros que de cualquier otra parte de nuestro cuerpo, incluso la zona genital. La vista, el olfato, el gusto, cuatro de los cinco sentidos se concentran en la zona de la cabeza y, además, allí se encuentra ubicado el cerebro, el centro de procesamiento de toda la información recabada con los sentidos. Es por eso que es posible entrenarse en "mentir con las manos" y tener tics adquiridos que no tienen nada que ver con el lenguaje no verbal evolutivo universal de la especie humana, pero las piernas quedan lejos del control del pensamiento más racional, sirviendo siempre a instintos más basales. Mientras que los brazos y las manos son principalmente indicadores de actitudes de agresión o sumisión, las piernas indican la comodidad que tiene el sujeto emisor con la situación en la que está. Las piernas sirven para huir.

Esto no excusa que, como ocurre en el análisis del lenguaje de los miembros superiores, también hay que tener en cuenta las circunstancias. No es lo mismo leer a una persona joven que a alguien mayor, que quizás tiene dolencias específicas o a alguien con alguna discapacidad, en estos casos es aconsejable no leer mucho en el lenguaje de la parte del cuerpo afectada, porque podríamos incurrir en un error de juzgamiento grave. También, al analizar mujeres es importante tener en cuenta el tipo de zapato que llevan puestos. Los zapatos femeninos son muchas veces asemejables a instrumentos de tortura y, por lo tanto, hay que tener su comodidad en cuenta. No será lo mismo una persona que en zapato plano cambia de pie seguido y descansa uno de punta, que alguien que utiliza unos tacones visiblemente incómodos. Lo mismo en la forma de poner las rodillas, porque hay algunos zapatos femeninos que obligan a tomar posturas con las rodillas altas.

Igualmente, el conocimiento de la implicancia de las diferentes posturas corporales nos servirá de guía para entender el mensaje al hacer un análisis global e integrador.

De Pie, Con Ambos Pies Para Adelante

Es la postura más básica estando de pie. La persona está parada con ambos pies apuntando hacia adelante, hacia su interlocutor, manteniendo aproximadamente el ancho de los hombros. La persona en esta postura está evaluando lo que se le dice, es un momento de escucha relajada. Al apuntar con sus pies hacia su interlocutor indica que lo está escuchando, que su atención está en él y lo está evaluando.

De Pie, Con Pies Cruzados

También de pie, pero en esta ocasión la persona cruza levemente un pie por sobre el otro a la altura del tobillo. Este nudo o anudamiento que realiza a la altura del tobillo es un indicativo de que no está realizando una evaluación del interlocutor, sino que está tranquilo y en confianza.

Es una postura de seducción masculina para mostrar la comodidad en la que se sienten en una situación, siendo más femenina conforme sube de altura el cruce. Las personalidades femeninas tienden a realizar este cruce a la altura de la rodilla.

De Pie, Con Un Pie Hacia El Frente Y El Otro En Ángulo De 90°

Lo más normal cuando alguien adopta esta postura es que el pie que se encuentra en ángulo recto esté apuntando hacia la puerta o la salida más cercana. Esto nos dará una indicación de cómo debemos leer esta postura: la persona desea salir de la habitación. Cuando el pie inclinado apunte hacia otra dirección, como un sillón o la cocina, se entenderá que es hacia allí a donde quiere dirigirse.

De Pie, Con Un Pie Bien Plantado Y El Otro Hacia Atrás Apoyando La Punta

Es la posición donde un pie está apuntando hacia el frente sosteniendo todo el peso y otro está ligeramente atrás, solo apoyando la punta y mostrando la planta del pie hacia la espalda. Esto se conoce como un "anclaje a tierra", porque la persona no está en una posición en la cual esté lista para resistir un ataque, al tener todo su peso solo en un pie.

Las personas toman esta postura cuando están cómodos en la conversación que están teniendo, disfrutan de lo que están escuchando y no sienten deseos de contradecir al interlocutor. También es una postura en la cual las personas relajadas y confiadas se presentan, especialmente durante la seducción, ya que la confianza y la seguridad es parte de su atractivo y lo saben subconscientemente.

De Pie, Un Pie Bien Plantado Y El Otro Solo La Punta En Contacto Con El Piso

Quiero que visualices la postura que toma un corredor antes de iniciar una carrera. Sus pies están tocando el suelo en la punta, sus músculos preparados para darle el impulso necesario para salir corriendo lo más rápido posible. Al estar de pie, subconscientemente, se puede tomar una postura similar cuando se planta bien un pie en el suelo y el otro está paralelo, pero con el peso solo en la punta del pie. Esta postura indica que el emisor del mensaje no verbal está deseando poder salir corriendo de donde se encuentra.

Puede sumarse un movimiento nervioso de mover el pie que está de punta, golpeando el suelo con el talón, que indicaría además impaciencia por poder emprender la huída.

Pie Apuntando Hacia Otra Persona

En una conversación entre varias personas, los integrantes de la conversación tendrán sus pies apuntando hacia quien más les agrade del grupo. También puede ser que los tengan apuntando hacia quien más atención le prestan o a quien está hablando en ese momento, pero normalmente es un signo de afinidad y hasta de preferencia. No es lo mismo al estar sentados, porque si los asientos son fijos pueden propiciar una inclinación particular, la cual debe ser tenida en cuenta para el análisis, pero al estar de pie esto permite analizar la jerarquía en los grupos.

Puntas De Los Pies Hacia Adentro

Las personas que se paran o se sientan con las puntas de los pies apuntando hacia adentro tienen personalidades más infantiles, ya que es un gesto muy extendido en la niñez. Esta posición de los pies indica inseguridad y falta de confianza, si lo hacen habitualmente es un rasgo de sus personalidad y si es en una situación dada es porque las circunstancias lo hacen sentirse inseguro y vulnerable.

Sentado Con Las Piernas Abiertas

Esta forma de sentarse está muy instaurada en el género masculino y censurada en el transporte público o en espacios donde cada individuo debería tener su espacio delimitado, pero, a pesar de que resulta incómoda para espacios compartidos con desconocidos, es una postura que se interpreta como de descanso cuando las manos descansan sobre los muslos o las piernas.

La persona que se sienta con las piernas abiertas y deja las manos caer relajadas sobre sus muslos o en una altura baja, está confiado de que no será atacado e intenta lucir invitante para otros, está en una posición de tranquilidad donde invita a compartir el espacio.

Sentado Con Las Piernas Cruzadas, Con La Rodilla Apuntando Hacia El Interlocutor

La rodilla en el cruce puede apuntar hacia el interlocutor o hacia la puerta, en caso de apuntar hacia el interlocutor es porque esa persona cuenta con toda la atención del emisor del mensaje no verbal. De apuntar a la puerta, indica impaciencia, pero no un deseo de salir corriendo porque las piernas se encuentran anudadas y resultará difícil salir de esa postura para emprender la carrera.

Al poner las manos suavemente sobre la rodilla en los emisores femeninos, la postura busca llamar a la complicidad del interlocutor.

En las personalidades masculinas, un cruce de piernas muy cerrado se interpreta más como el cruce de brazos. Mientras que si el cruce es abierto, llamado cruce americano, formando un cuadrado en el hueco entre las piernas, y el emisor del mensaje no verbal se toma la pierna para mantenerla allí, está abriéndose a la discusión y poniéndose cómodo.

El mero acto de cruzarse de piernas durante una conversación implica que quien lo hace está poniéndose cómodo, que se quiere quedar en el espacio por el tiempo inmediato y está disfrutando del intercambio verbal.

Es diferente la implicación de cruzar los miembros superiores a cruzar los miembros inferiores, mientras que el cruzarse de brazos es una barrera que se lee como cerrazón, el cruzarse de piernas es comodidad en el espacio y, principalmente, una señal de que la persona está receptiva al tema de conversación.

Cruzarse de brazos y piernas mientras se está sentado es un mensaje contradictorio, que puede interpretarse por la rigidez de los brazos. Si los brazos están cruzados con suavidad y casi descansan sobre el regazo, la persona está cómoda con la conversación. Si los brazos están cerrados a la altura del pecho, entonces es que no le alcanzaron los brazos para manifestar su descontento, por lo cual debió también cruzar las piernas en signo de énfasis a su negativa y desagrado.

Sentado Con Las Piernas Paralelas En La Distancia De Los Hombros

Las personas que se sientan con las piernas paralelas al frente, con las rodillas en ángulo recto y rígidos están buscando plantear una barrera entre ellos y el interlocutor. No es una postura de descanso cuando las piernas están en 90°, por más que sea una postura anatómicamente favorable, no es cómoda de mantener e implica un distanciamiento, las rodillas están elevadas para separarse de quien se tiene enfrente. También puede ser que el calzado de la mujer la obligue a elevar más las rodillas, en ese caso corresponde ver cuánto es la postura adoptada una decisión inconsciente y cuánto es una obligación marcada por la vestimenta y el calzado elegido.

Sentado Con Las Rodillas Apuntadas Hacia Arriba

Quienes se sientan elevando más las rodillas, están preparándose para ponerse de pie. El cuerpo está listo para tomar el impulso necesario para pararse, dar por terminada la conversación y salir del lugar donde se encuentra. Hay una incomodidad que lo hace querer abandonar el lugar y el espacio.

Sentado Con Las Rodillas Inclinadas Hacia El Interlocutor

La postura donde las piernas se mantienen juntas, casi pegadas, si las rodillas están inclinadas hacia el interlocutor implican también un deseo de distanciamiento, de querer imponer una barrera. Es una postura habitual en las mujeres con falda en situaciones donde no están del todo cómodas, no buscan escapar pero quieren mantener una distancia prudencial con el interlocutor.

Sentado Con Los Codos Descansando Sobre El Respaldo

Esta postura tiene la misma base que la de sentado con las piernas abiertas, invadiendo los espacios de alrededor, pero el esconder las manos detrás del respaldo o mantenerlas en alto, la aleja de una postura de descanso. Las personas que adquieren esta postura son dominantes y agresivos si mantienen los puños cerrados. Es una postura de reclamo de territorio, quienes la adoptan quieren declarar "este espacio es mío, no lo invadan o verán". Subconscientemente, son personas que responden a las amenazas con agresión, lo opuesto a la confianza y la seguridad.

A veces también se puede encontrar que quien adopta esta postura, agacha ligeramente la cabeza observando al interlocutor desde abajo. Esto no es signo de sumisión, sino de un animal dispuesto a atacar en cualquier momento, es la postura del buscapleitos que reclama ese territorio como suyo y quiere alardear de su dominio.

A Tener En Cuenta

Mientras que el lenguaje de las extremidades superiores es más similar en hombres y en mujeres (a pesar de que hay que tener en consideración la presencia de los pechos), es importante tomar en cuenta las diferencias anatómicas, culturales y de vestimentas para hacer una correcta lectura en relación a las extremidades inferiores.

Las mujeres tenderán a cruzar las piernas de manera más cerrada que los hombres y a sentarse y estar de pie influenciadas por la vestimenta y el calzado que lleven. También, al ser llamadas por necesidades fisiológicas, las mujeres cruzan las piernas para contener las ganas de orinar y los hombres no tienen el mismo gesto. Para diferenciar este reflejo físico de un mensaje no verbal, debemos tomar en consideración hacia dónde va la mirada. Si la mirada está en el lugar, entonces la atención está en la discusión. Si la mirada deambula o apunta hacia un baño, el interés es otro.

Esto que parece una cuestión muy obvia debe ser tenido en cuenta al momento de realizar la lectura, porque puede llevar a errores importantes y, el no tenerlo presente, es un acto de negligencia. Lo mismo ocurre cuando uno ignora la temperatura ambiente y la vestimenta de nuestro interlocutor: una persona puede cruzar piernas y brazos porque está congelándose y no porque esté cerrándose a lo que le decimos.

La lectura de los cuerpos y de lo que dicen necesita de un grado importante de "ponernos en el lugar del otro", si nosotros estamos abrigados, cómodos y sin deseos de ir al baño y trasladamos esa neutralidad al interlocutor, cuando la otra persona puede estar sintiendo cosas muy diferentes, estaremos proyectando nuestras circunstancias en el otro. Las circunstancias pueden variar entre dos personas en la misma habitación porque alguien está justo debajo del aire acondicionado, lleva tacones incómodos o está vestido con menos abrigo o al rayo del sol.

Parecen muchos factores a tener en cuenta, pero son los que debemos usar para verificar la veracidad de nuestras lecturas. No se trata de leerle la mente y conocer todas las incomodidades físicas, si le duele el dedo chiquito del pie o si bebió demasiada agua en la mañana, sino de tratar de percibir los pequeños detalles: ¿tiene la piel erizada por el frío? ¿se frota los brazos al cruzarlos? ¿mira en dirección al baño o rechaza cuando le ofrecemos algo de beber? Una mujer que intercala un pie detrás del otro, evitando poner el peso en un pie de manera intercalada, es más probable que esté incómoda con sus zapatos a que esté mandando un mensaje no verbal y un hombre que mueve un pie insistentemente y no deja de mirar hacia el baño, es probable que desee evacuar y que su falta de concentración en la conversación se deba a eso y no al contenido de lo que le estamos diciendo. Por eso es importante estar atento a las señales de incomodidad de nuestros interlocutores.

Si lo que deseamos es convencerlos de algo y tener toda su atención, deberemos tratar de que la conversación se desarrolle en espacios donde ambos estemos en condiciones óptimas y las circunstancias externas afecten lo mínimo posible el intercambio de mensajes no verbales para evitar malentendidos.

Capítulo Seis:

El Rostro

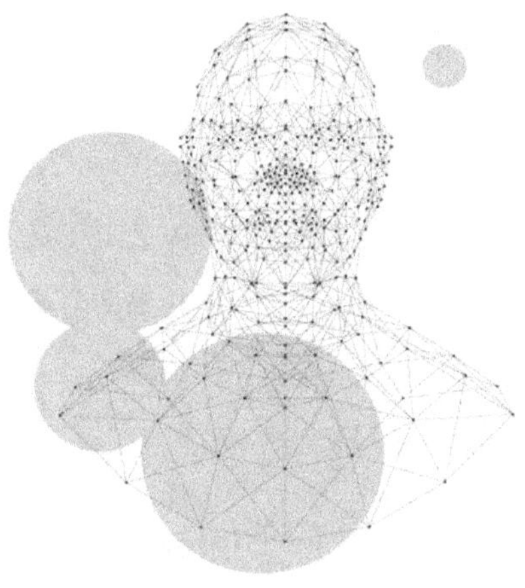

El rostro es probablemente lo que aparenta ser más fácil de leer, pero es justamente lo más complejo porque está compuesto por movimientos minúsculos y cuenta con más de 10.000 posibles expresiones. Por un lado, todos estamos entrenados biológicamente a entender el significado de una sonrisa, un ceño fruncido o una lágrima, pero estos gestos tan comunes son más complejos de lo que la verdadera lectura se esconde en diferencias apenas perceptibles, que necesitan del ojo entrenado para ser notadas.

Estos movimientos musculares involuntarios apenas perceptibles son conocidos como "microexpresiones" y fueron ampliamente estudiadas por Paul Ekman, quien además asesoró a los productores de la serie *Lie To Me*, a los animadores de *Inside Out* y al FBI. El trabajo sobre las microexpresiones benefició a la criminología, la psicología y hasta el arte y el entretenimiento.

El conocimiento de las microexpresiones usado dentro del mundo del entretenimiento tiene un efecto muy interesante a nivel macrosocial, porque cuanto más conocidos son los estudios al respecto, mayor es el número de personas que intenta entrenarse en su lectura y control. El fenómeno de la masificación de este conocimiento tiene consecuencias que podrían resultar contradictorias, pero no lo son. Por un lado, con mayor cantidad de personas intentando tener un control sobre sus microexpresiones, es más probable que las mismas dejen de ser identificables al largo plazo y su lectura se dificultará hasta volverse imposible en los mentirosos especializados. Pero también, y casi contrarrestando esta pérdida de utilidad puntual con los mentirosos, cuantas más personas conozcan de las microexpresiones, más importante será el aprender a leerlas porque serán parte de un lenguaje universal. Es como cuando se empezó a popularizar el manejo de las computadoras con la aparición de Windows, antes pocas personas eran usuarios de la computación, con la aparición del sistema operativo de Bill Gates dejó de ser una ventaja el manejar una computadora, pero pasó a ser algo indispensable.

El conocimiento sobre la microexpresiones y cómo leerlas está en una etapa similar. Pronto dejará de ser una ventaja porque todos las entenderán, pero también se volverá indispensable para la vida en sociedad porque formará parte del lenguaje coloquial que hablan todas las personas de común acuerdo.

Universales

Según estudios especializados de psicología y fisiología, las microexpresiones no distinguen cultura, raza o nacionalidad, están asociadas a los genes y, por lo tanto, son universales de toda la humanidad. Se manifiestan como una contracción, mueca o movimiento apenas perceptible de cierto grupo muscular ante la aparición de una emoción.

Mientras que la cultura impone a las mujeres y los hombres de cierta nacionalidad o etnia vestirse y comportarse de una manera específica y eso condiciona su manera de sentarse y caminar, las microexpresiones tienen un componente primordialmente genético y son hereditarias.

Ínfimas

Las microexpresiones, como su nombre lo indica, son microscópicas y duran lo que tarda el cerebro consciente, racional y condicionado por la formación cultural y la educación en tomar control sobre la emoción que se disparó. Es una reacción que dura menos de una quinta parte de un segundo, es también una reacción estereotipada, automática y efímera a un estímulo emocional, y por eso su universalidad. Son la poética del lenguaje corporal y no verbal, porque como un poema haiku japonés: son cortísimas y, sin que nos demos cuenta, nos atraviesan dejando solo un sintético mensaje que nos transmuta y no está destinado a trascender, solo a existir.

Sentimientos

También debemos tener en cuenta que, si bien podemos saber qué sentimiento se asocia con una microexpresión, no hay forma de saber cuál es la justificación que subyace debajo de dicho sentimiento. Los sentimientos siguen siendo tan únicos y misteriosos como siempre, la lectura de las microexpresiones solo nos permitirá ver cuál es que el subyacente debajo del lenguaje verbal manifiesto.

Por ejemplo, si una madre le pregunta algo a su hijo de manera insistente y su hijo muestra miedo. El miedo puede tanto venir de que ha mentido y teme ser descubierto, como que le teme a la autoridad de la madre y le preocupa que se lo acuse de mentir cuando no lo ha hecho.

Las sutilezas de la psiquis siguen siendo un misterio a pesar de que el estudio del lenguaje corporal es cada vez más importante para movernos en sociedad.

Lo correcto en el ejemplo dado sería que la madre note que produce miedo en su hijo y cambie el acercamiento a la problemática, no que tome la microexpresión como una clara manifestación de mentira, porque bien puede estar leyendo mal el trasfondo emocional. Nuevamente, las circunstancias son ineludibles y es lo que siempre nos marca la contextualización de cualquier lectura. Los seres humanos no vivimos en un constante estado de intocabilidad; por el contrario, nos afecta el frío, el viento, el calor, las experiencias pasadas, los miedos futuros, la presencia o ausencia de afecto en los primeros años de vida y hasta la incomodidad de los zapatos. Cuanto más puedas conocer el efecto que estas circunstancias externas tienen en tu interlocutor, mejor y más acertada será tu lectura del lenguaje no verbal y más completa tu percepción del mundo que te rodea.

Dentro del universo de las microexpresiones, es importante que puedas identificar las llamadas emociones universales que son la base del resto de las reacciones sentimentales. Las primeras en ser identificadas por los científicos son siete y se van ampliando, pero nos detendremos en las siete primigenias porque forman un abanico básico de información emocional. Las mismas pueden extenderse durante toda una conversación o pueden ocurrir en un microsegundo, son consideradas microexpresiones cuando pasan rápidamente por el rostro y no se detienen, pero eso no quiere decir que solamente puedan hacer un paso fugaz.

Al ser emociones que se sostienen en el tiempo,

dejan de ser territorio profundo de la lingüística corporal porque todo el mundo las puede leer con facilidad, pero puede ser más fácil empezar identificándose en momentos sostenidos que rastrearla en la fracción temporal que duran cuando solo atraviesan un rostro.

- **Asombro**

El asombro se manifiesta en el rostro porque las cejas se encuentran levantadas y curveadas. Durante el tiempo que transite el asombro las facciones faciales a analizar, las cejas se mantendrán elevadas y la piel de debajo de las mismas estará estirada.

También se pueden identificar que se forman arrugas horizontales en la frente y los ojos se se mantienen bien abiertos.

En relación a la boca, los labios y los dientes estarán separados y la mandíbula caída.

En el folklore popular esta expresión ha sido resumida en la frase "te dejó con la boca abierta", lo cual simplifica enormemente la expresión de sorpresa o asombro.

- **Ira**

Contrariamente a lo ocurrido durante la emoción anterior, en la ira las cejas se moverán hacia abajo, en expresión contraída y se formarán los pliegues o arrugas entre las cejas que indican un "ceño fruncido".

Los párpados se mantendrán tensos, provocando un endurecimiento de la mirada.

Los ojos pueden adquirir un brillo que advierte peligro y, dependiendo de la intensidad de la ira en cuestión, las pupilas pueden dilatarse en señal de advertencia.

- **Tristeza**

La tristeza hace que un rostro caiga, de ahí la expresión de "se te ve caído" para referirnos a alguien que está triste.

Los párpados tomarán una inclinación ligeramente hacia abajo en los extremos exteriores, con los ángulos interiores de los ojos luciendo más elevados.

La mirada se verá perdida, sin intensidad.

La comisura de los labios se inclinarán hacia abajo y los labios pueden incluso temblar, anunciando un posible llanto.

- **Asco**

El asco es una expresión que no suele recibir la valoración que merece. No es el desprecio, que tiene tan mala prensa socialmente, es una emoción diferente que nos transita para asegurar la supervivencia. El asco es la emoción que impide que consumamos alimentos en mal estado o agua contaminada, sin el asco más asociado con el cerebro reptiliano no se habría logrado la supervivencia de la especie. En cuanto a la lingüística corporal, el asco nos avisa cuando algo no es consumible, cuando lo que una persona dice no está siendo fácil de digerir, de ahí la expresión "no se lo tragó" en relación a alguien que no quiso creer una mentira.

Se identifica por los labios superiores más elevados, una expresión facial arrugada a la altura de la nariz. Se visualizan líneas debajo del párpado inferior por la contracción facial central.

Las cejas estarán bajas, empujando también a que descienda el párpado superior, comprimiendo y cerrando la expresión.

• **Miedo**

Nadie pondrá en duda la fortaleza del miedo en una expresión. Es probablemente la emoción de supervivencia por excelencia, el miedo nos hace correr o nos paraliza, pero casi nunca nos deja indiferentes. Cuando uno está entablando una conversación con otra persona y esta emoción transita el rostro del interlocutor, es una alerta de que estamos haciendo algo que no ayuda a la construcción de un vínculo sano. Intimidar a otros delimitando una posición de poder no es lo mismo que causar miedo. Si bien Maquiavelo decía en *El Príncipe* que "es mejor ser temido que amado", el temor no es aliado de la persuasión. La intimidación es una forma de control de las personas, no de construcción de relaciones sanas y se funda principalmente en la fuerza y la amenaza. La idea subyacente debajo de interpretar mejor las microexpresiones y el lenguaje corporal es que seamos comunicadores más eficaces y expeditivos en una sociedad sin necesidad de recurrir a la violencia, este es un arte de sutilezas y ahí radica su belleza.

El miedo transforma un rostro con cejas levantadas y contraídas, al mismo tiempo que se forman arrugas en el centro de la frente. Los párpados superiores permanecen levantados, ampliando el campo visual y los labios lucen más estrechos y tensos, incluso retraídos.

- **Desprecio**

El desprecio es una emoción que manifiesta el deseo de menospreciar a otro, a sus dichos o a sus circunstancias. No es una expresión de superioridad fáctica, sino de autopercepción como superior y al otro como inferior. Porque el desprecio siempre está enfocado en quienes son considerados de menor valía o quienes se tiene la creencia que deberían serlo.

Una de las microexpresiones que sirven para identificarlo es que una de las esquinas de la boca se encuentra levantada en actitud sobradora.

- **Felicidad**

La felicidad no es tanto un indicativo de sospecha como la falsa felicidad, por eso en el punto siguiente hablaremos de los mensajes que dan las sonrisas.

La felicidad se manifiesta con las comisuras de los labios hacia atrás y arriba. Esto hace que las mejillas se encuentren levantadas y se formen arrugas debajo del párpado inferior y también patas de gallo.

Una sonrisa honesta tiene esas patas de gallo que no son controlables de manera consciente. Las comisuras de los labios van hacia arriba, por contraposición a una sonrisa forzada donde las comisuras de los labios se extienden de manera horizontal, y se observa el primer nivel de los dientes superiores.

La Sonrisa

El sonreír es una de las emociones más básicas del humano y empieza a aparecer como reflejo social entre la cuarta y sexta semana de vida. El bebé sonríe en respuesta a un estímulo, más adelante aprenderá a discriminar las caras de las personas que lo rodean y comenzará a sonreír selectivamente, pero la primera sonrisa es celebrada porque es un indicativo de un desarrollo saludable. También, el retraso en la aparición de la sonrisa social es considerado una señal de alarma.

La acción de sonreír es un fuerte forjador de vínculos sociales y culturales, conforma la identidad de comunidad y contribuye al bienestar propio y de las personas circundantes.

Una vez escuché la historia de que en el bolsillo de un suicida, la policía encontró una nota que decía "si alguien me sonríe hoy, no lo haré". El poder de una sonrisa genuina es transformadora y sanadora.

También es una herramienta muy útil para mejorar el desempeño social. Una forma de obtener mejor trato cuando pedimos ser atendidos en algún lugar, usando una técnica de lenguaje corporal, es sonreír sinceramente ¡y no desanimarse! El reflejo condicionado desde pequeños es regresar la sonrisa cuando se nos ofrece de manera afable y sincera. Algunas personas acostumbradas al trabajo burocrático donde habitualmente son maltratados por los clientes pueden tener resistencia a la sonrisa, porque tienen trabajos que fomentan la suspicacia y la sospecha, pero en un 90% de los casos la persona regresará la sonrisa y tendrá un trato más agradable con quien les sonría.

Cuando sonreímos con poca energía o de manera desganada, también obtenemos una respuesta similar de una sonrisa caída y poco efusiva. Por eso es importante que cuando deseemos influenciar en el humor ajeno con una muestra de buen humor, está nazca con sinceridad. A veces hay que conjurar un recuerdo positivo y distanciarse de la situación de cola, espera y hacinamiento donde nos encontramos, pero es algo muy posible. Además, al ponernos en el lugar de quien atiende ya estamos dando un paso en dirección a despertar su empatía, nosotros estamos realizando un trámite y nos iremos pronto, el otro debe permanecer en ese espacio de hostilidad constante. Una sonrisa nos abrirá puertas que antes teníamos cerradas y que quizás ni siquiera conocíamos.

Además, coincido plenamente con el comediante Charles Chaplin, quien dijo en una ocasión que "un día sin sonreír, es un día perdido". El beneficio del lenguaje corporal es que está tan conectado con nuestras emociones, que uno influencia en el otro y se retroalimentan mutuamente. Buscar razones para sonreír te hará una persona más feliz y más conectada con tus emociones positivas, mejorando tu presentación ante los demás y obteniendo interacciones más positivas y beneficiosas. Como vimos al inicio, es tan importante leer a los demás cómo ser conscientes de lo que estamos proyectando como emisores. Si proyectamos solo emociones negativas, los receptores de nuestros mensajes estarán mayormente a la defensiva , pero si proyectamos felicidad y confianza, entonces obtendremos reacciones similares y seremos más valorados por nuestra comunidad.

Una sonrisa falsa puede ser identificada por la falta de presencia de las patas de gallo antes mencionadas, ese microgesto es imposible de falsear o imitar, porque no las personas normales no tienen control voluntario sobre esos músculos. Aunque pueden influenciarse al conjurar un pensamiento feliz que acompañe la intención de sonreír.

¿Cómo convertirte en una persona de sonrisa fácil y gozar de los beneficios de ello? La única forma es vivir y tener un arsenal de recuerdos que nos hagan sonreír sólo con rememorarlos. Una sonrisa es como el *Patronus* de Harry Potter, un hechizo diseñado para alejar las malas vibras que se puede conjurar solo recordando un recuerdo feliz trascendental. El recuerdo no tiene que ser grande ni ostentoso para funcionar, no es necesario tener como experiencia de vida el ganar la loteria o descubrir la cura al cáncer, a veces los recuerdos que más felicidad pueden conjurar son los más simples. Un chiste que nos hizo reír de niños durante semanas puede seguir teniendo poder en nosotros de adultos, una canción que asociamos con una tarde relajada de lectura, una persona o un lugar. La mente es una herramienta poderosísima y los recuerdos nos componen como los individuos que somos, hacer introspección nos permitirá tener a mano momentos felices para poder conjurar nuestra mejor sonrisa cuando sea necesario.

La sonrisa nos transforma, los rostros se ven más bellos y la voz adquiere otra tonalidad, por eso también podemos saber por teléfono si alguien está sonriendo. También, es más posible persuadir de un punto de vista cuando se está sonriendo, porque transmite la impresión de que desde el punto de vista que uno plantea, se es más feliz.

A veces nos pueden sonreír falsamente, lo cual indica desconfianza y resguardo de las verdaderas emociones. Este tipo de sonrisa se identifica porque faltan las patas de gallo al costado de los ojos y los labios están ligeramente metidos hacia adentro. Al buscar hacer que alguien entre en confianza contigo y se relaje para que esté receptivo o receptiva a tu conversación y argumentos, hay que prestar atención a la sinceridad de la sonrisa. Una sonrisa falsa indica que estas generando una incomodidad contraproducente para tus objetivos.

Contacto Visual

Los ojos son llamados desde el renacimiento y su poética, "la ventana del alma" y probablemente sea a lo que más se le presta atención al entablar una conversación o al conocer a alguien. Hacer o no hacer contacto visual es un gran indicio de la personalidad y de la seguridad de una persona.

Cuando alguien se presenta y baja la vista, hablándole al piso, está irradiando inseguridad. Lo contrario es para quien mira a los ojos francamente, pero, estate atento, el mirar a los ojos no es un indicativo de absoluta sinceridad, ya que los mentirosos patológicos siempre estarán observando tus reacciones y no temerán mirarte a los ojos primero.

Considero que antes de empezar a especular sobre la falta de sinceridad de alguien, uno debe tener al menos tres indicios independientes para respaldar su teoría.

Cuando la mirada de la persona no está baja pero parece deambular entre diferentes puntos del cuarto u observa el reloj o el teléfono continuamente, es que la persona está ansiosa por irse. El mirar el reloj ya está muy extendido como frase de impaciencia en lenguaje no verbal, pero en el último tiempo el mirar el celular se asimiló en totalidad.

También, hay miradas que son más habituales de las personas masculinas. Por ejemplo, el mirar hacia arriba, levantando el mentón es más común en este tipo de personas con energía masculina, indicando una autopercepción de superioridad y un desdén por el interlocutor. Mientras que las personalidades femeninas tienden más a mirar hacia abajo y cuando lo hacen con alguien de menor estatura, mirando desde la altura, es el típico reto materno, si le sumamos las manos en jarra a los costados o un dedo señalando. La mirada entre iguales debe mantener poca diferencia de estatura y no es una utopía, quienes busquen generar una situación de igualdad preferirán tener las charlas importantes sentados o buscarán situaciones de paridad para mirar a la persona de frente.

Capítulo Siete:

Otros Gestos

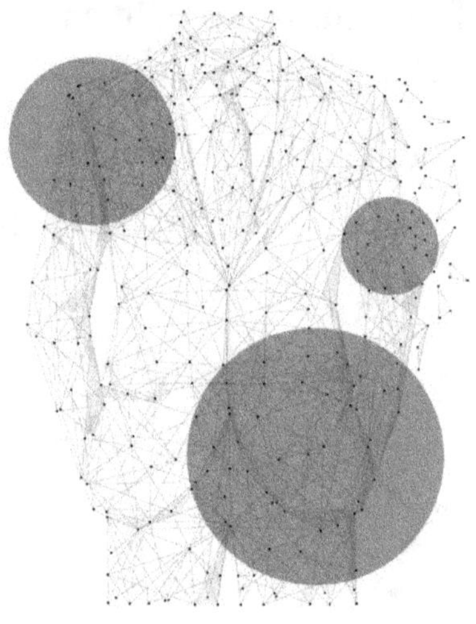

¿Hasta dónde vale la pena insistir con un tema que nos importa? Los temas de conversación se agotan, los caminos para el convencimiento se truncan y corresponde cambiar el acercamiento para lograr el resultado deseado. Es importante también poder reconocer estos gestos que indican que estamos hartando o cansando a una persona, ellos nos permitirán notar cuando la conversación debe dar un giro para no perder a nuestro interlocutor y con ello todo el trabajo realizado en intentar convencerlo o ganar su confianza. Evitando evitar incomodar a una persona.

Como podrás notar en la lista que sigue a continuación, la mayoría de estos gestos refieren a una comezón o un picor pequeño en diferentes lugares del cuerpo. La picazón se produce por una contradicción interna entre lo que el emisor dice y lo que está sintiendo o pensando. La mayoría son reacciones fisiológicas porque el cuerpo no está diseñado para engañar, el cuerpo es genuino y no comprende de las cortesías de las mentiras blancas, se mueve empujado por impulsos provenientes de instintos, emociones basales y reacciones ancestrales de supervivencia. Ahora, el cuerpo puede confundirse por recibir diferentes impulsos o por percibirse entre amenazas falsas, lo importante en estos análisis no es tomarlo como un indicador de mentira y acusar al emisor del mensaje no verbal de lo que está diciendo sin darse cuenta, sino notar su incomodidad y aprovechar la advertencia para girar la conversación a otros temas o alterar la forma en la que se realiza el acercamiento.

Comezón Bajo La Nariz Pasando Solo Un Dedo

Este gesto ya fue referido con anterioridad, es también conocido como el "saludo universal del alérgico", en el cual el emisor se rasca la parte baja de la nariz con el borde superior del dedo índice. Cuando son personas con alergias severas se convierte en un tic, porque la continua irritación de la nariz hace que esta sea la forma más sutil de rascarse.

Cuando no se trata de personas alérgicas o son personas alérgicas, pero que no están pasando por un ataque, me refiero a que no es época de primavera o de otoño principalmente, este gesto indica incredulidad por lo que escucha o lo que dice. Es un sutil "algo huele mal" y se manifiesta en un pequeño picor en la parte baja de la nariz. El rascado puede ser con el primer nudillo del dedo índice o con el segundo, siendo el segundo un indicador de mayor incredulidad.

Comezón Bajo La Nariz Rascada Con Índice Y Pulgar

Aquí el rascado no es sutil, hay un pellizco de la nariz entre el dedo índice y el dedo pulgar. No es habitual en alérgicos, así que no se presenta la posible confusión del gesto anterior. El rascado puede ser rápido o extenderse, incluso como si el interlocutor frotara la punta de la nariz con los dedos como si fuera la punta de un taco de billar.

Cuando este gesto es acompañado por un descenso del rostro, un bajar de la cara, indica que se está intentando evitar una discusión. También hay incredulidad, no se cree lo que se escucha o lo que se dice, pero se quiere evitar la discusión aunque genere franco disgusto lo que se oye.

Si el movimiento de los dedos tuerce suavemente la nariz hacia la izquierda, el malestar es emocional y el desacuerdo se basa en un sentimiento, mientras que si el gesto tuerce ligeramente la nariz hacia la derecha, es un desacuerdo intelectual y de principios el que se busca evitar.

Comezón Detrás De Las Piernas

La sabiduría del cuerpo y los instintos primigenios, además de las reacciones automáticas del organismo, hacen que ante una amenaza el corazón aumente la irrigación sanguínea a las zonas donde ésta es necesaria. Cuando el cuerpo se prepara para huir y salir corriendo, el aumento de irrigación se registra en las piernas y los miembros inferiores.

Por eso es que se produce una comezón en la parte trasera de las piernas cuando el enunciador del mensaje no verbal siente deseo de escapar de la situación en la que se encuentra. El rascado detrás de las piernas se interpreta como una necesidad de huir contenida por las convenciones sociales.

Comezón En La Parte Interna Del Codo O Más Arriba

Si al preguntarle algo personal a alguien, este se

rasca el codo o más alto en el brazo, es signo de incomodidad a causa de la interrogante recibida. Por ejemplo, si al preguntarle a una chica si está sola en un bar, ella lleva una mano casi al hombro para rascarlo, es que la pregunta la puso muy incómoda y posiblemente no sea receptiva a más intentos de conversación.

El rascado en la parte interna del codo también es una manifestación no verbal de incomodidad ante una pregunta o tema de conversación que recién se plantea, pero conforme más alta se presente la picazón dentro del brazo, mayor será la incomodidad percibida.

Comezón En El Ojo

Hay múltiples maneras de rascarse el ojo. La comezón puede ubicarse en el lagrimal y el rascado ser sutil, con la punta de los dedos o puede ser en el extremo exterior del ojo y estirar el párpado inferior al rascar. Otra forma de picazón que incide en el ojo es la que se da en la cuenca y normalmente es rascada con mucha mayor brusquedad, algunas personas incluso llegan a producir sonidos oculares al rascarlo con el nudillo del dedo índice.

La última forma de rascada mencionada, la "ruidosa", indica sueño y es un hábito muy copiado por los dibujantes de dibujos animados para sus personajes infantiles. Si una persona rasca insistentemente su ojo de esta manera, es probable que esté peleando por mantenerlos abiertos y en una actividad poco estimulante y aburrida.

El rascado más sutil, con la punta de los dedos en el lagrimal o en la parte exterior, incluso el que recorre todo el párpado inferior, indica un disgusto. Hay algo que el interlocutor ve, pero que no le agrada y no quiere manifestar verbalmente su desagrado. Entonces, al no verbalizar lo que siente, probablemente por condicionamiento social o conveniencia, su ojo manifiesta que no le gusta lo que está viendo.

Comezón En La Espalda

La picazón, comezón, cosquilleos y hasta escalofríos en la espalda, están asociados con lo mismo, con un deseo de huir no manifiesto. Las sensaciones poco placenteras que esto produce en la espalda están destinadas a impulsar al individuo a ir hacia adelante. Cuando alguien se rasque la espalda de manera discreta, está escondiendo un deseo de abandonar el espacio que ocupa y de huir.

Un rascado poco discreto y mucho más franco, probablemente sí se daba a una picazón momentánea. Recordemos el concepto de microexpresión, cuanto más pequeña sea una señal, más significado cargará y, por el contrario, cuanto más obvia y fácil de notar sea, hay mayores probabilidades de que se trate de una mera coincidencia. El arte de la lingüística corporal es, por esto mismo, un arte de sutilezas y observaciones y no debe tomarse a la ligera.

Comezón En La Oreja

La oreja también puede ser rascada en diferentes profundidades, cuanto más intenso el rascado, mayor el deseo de no escuchar lo que se está diciendo. Una persona que se rasca la parte externa de la oreja estará ligeramente disgustado con lo que está escuchando, mientras que una persona que hasta groseramente se mete un dedo en la oreja para rascarse, estará deseando extraer de su memoria lo dicho para ni siquiera querer recordarlo.

Deseo de Orinar

A veces, en medio de una conversación, uno o el interlocutor tiene un sorpresivo deseo de orinar. Normalmente, esta urgencia iría escalando paulatinamente hasta entrar en el área de nuestras sensaciones corporales de las que somos conscientes, pero aquí se presenta sin advertencia.

Este deseo de orinar está asociado con la situación que estamos viviendo y con una sensación de que se está produciendo una invasión territorial. Así como los animales marcan el territorio con la orina, dentro de nuestros instintos más domesticados sigue latente este mandato biológico. La orina es un demarcador territorial natural y el deseo de hacer pis está asociado con una invasión que estamos sufriendo.

Existen dos situaciones en las cuales pueden darse, una es el deseo de orinar frente a una persona claramente dominante y avasalladora, el cual es también una muestra de sumisión, pero este tiene que estar acompañado con un lenguaje corporal acorde a la sumisión. Y otra opción es que, ante una invasión territorial, se despierte el instinto de demarcación, éste insta al cuerpo a reclamar el territorio en peligro y a asegurarse el dominio. Obviamente, como somos animales socializados y la cultura pesa, nadie va a ceder ante estos impulsos, ¡incluso perdimos la asociación racional de una cosa con la otra! Pero la falta de consciencia con respecto a que estamos sufriendo un ataque territorial, que a veces solo puede ser percibido de manera subconsciente y manifestado en un deseo de orinar pero sin ser racionalizado, puede desembocar en una cistitis por la falta de reacción ante el ataque.

Desplazamientos Hacia Adelante/Hacia Atrás

Un desplazamiento hacia adelante que fuerza al otro a retroceder, es un claro intento de avasallar y de reclamar territorio. Mientras que esta es una forma de exudar autoridad, el retroceder es una incomodidad y un deseo de proteger el espacio personal aun a costa de renunciar al territorio, a la autoridad y a la autoconfianza.

Este cuidado por el espacio personal donde se lo valora por encima de cualquier otro tipo de ventaja, es muy típico de las personalidades reservadas, ya que la profunda introspección en la que viven, convierte a su relación consigo mismo en el centro de su estabilidad mental y se reservan el derecho de admisión en su espacio personal muy seriamente.

Morderse Los Labios

Podemos dividir el morderse los labios en dos formas diferentes en relación a si es acompañado o no de contacto visual.

El morderse los labios evitando el contacto visual es un signo de incomodidad, de desear decir algo pero callarlo por temor. Cuando la persona que se muerde los labios esquiva la mirada, probablemente fijándola en el suelo y al costado, es porque está en una situación de incomodidad de la que quiere decir diciendo algo, pero calla.

Mientras, que el morderse los labios manteniendo un firme contacto visual es un claro gesto de seducción. Además de la diferencia en cuanto a la mirada, el primer morder tiende a ser nervioso y estar compuesto por pequeños mordiscos de los incisivos superiores sobre el labio inferior, mientras que el que mantiene contacto visual tiende a ser lento y deliberado, compuesto por mordiscos largos destinados a enrojecer el labio inferior y a lucir la carnosidad de la boca.

Rascado De Cuello

El rascarse el costado del cuello con la punta de los dedos, en un movimiento de arriba hacia abajo indica un picor en la garganta asociado con algo que se desea decir, pero que se calla por falta de conveniéncia. Al faltar las palabras exactas con las que se quiere decir algo y para no caer en malas interpretaciones y conflictos, se calla.

La garganta es donde se forja la emisión de sonido y una participante incuestionable del lenguaje verbal habitual, pero también ella sirve para emitir mensajes no verbales por medio de toques, inclinaciones e incluso cambios de coloración.

Después de cierta edad, la piel del cuello pierde firmeza y empieza a colgar, el gesto de jalar de esta piel o jugar con ella también indica que hay algo que se está maquinando en lo verbal, hay algo que se desea decir pero que todavía no está preparado, faltan palabras, se está intentando frotar a la creadora de palabras para que las mismas broten como de la lámpara de Aladino.

Tos

Cuando una persona tose sin previo aviso ni razones médicas aparentes, es también algo que desea decir y que se le quedó trabado en la garganta. Y cuando se cubre la boca de manera muy cerrada, está bloqueando doblemente la emisión de ese mensaje. Cubrir la boca con una mano es cultural al toser, pero cubrirla con las dos o girar más de 90° para no toserle al interlocutor es un ocultamiento de algo que se quiere decir.

Después de las epidemias mundiales de gripe, se instauró el toser en el hueco del codo para evitar posibles contagios en espacios públicos al toser en la mano y para no andar esparciendo gérmenes al tocar lugares comunes como picaportes, sillas, pasamanos. Esto es un uso cultural e higiénico, no se interpreta diferente que el taparse la boca con las manos porque su razón principal de ser es una campaña de cambio cultural en base a un hecho global, no un movimiento inconsciente diferenciado que requiera una lectura especial.

Uso Del Espacio

Proxémica es la disciplina que estudia la relación espacial entre personas, la distancia que estas mantienen entre sí, el llamado espacio personal y su significado social. La misma varía también influenciada por el lenguaje corporal, por los mensajes no verbales que se desean enviar y/o se filtran, y por la formación cultural. Y la "proxemia" es cómo cada individuo percibe y utiliza el espacio propio, es la administración de las distancias con los otros y a quienes dejamos entrar en nuestro espacio.

Si bien la proxemia está delimitada por la personalidad de los individuos y sus relaciones, el factor cultural tiene mucha injerencia en este ámbito. Las culturas latinas soportan mucha más cercanía que las anglosajonas, por eso tiene fama de fogosa la sangre latina, mientras que los nórdicos o asiáticos, que guardan culturalmente distancias más grandes entre ellos, de distantes.

Con variaciones en los centímetros de referencia, puede hacerse una clasificación general de los tipos de distancias que sirva para el estudio. La misma puede variar y ser solo orientativa en cuanto a los números. Por ejemplo, un latino puede considerar que la distancia íntima es la que se mantiene a menos de 20 centímetros, mientras que un anglosajón no dejará entrar ni a sus familiares más cercanos a esa distancia salvo para situaciones especiales.

Dependiendo de dónde te encuentres será lo correspondiente a cada tipo de distancia, pero igual es importante conocer las generalidades.

Tipos De Distancias

•   Distancia íntima: Es la que se da aproximadamente a menos a 50 cm o la longitud de un antebrazo. El contacto físico es casi inevitable, fácil y directo, se puede sentir la cercanía con el otro y esta no genera incomodidad. La distancia íntima está reservada para familiares, amistades cercanas y relaciones de pareja. Es una distancia que indica algún tipo de "complicidad".

Este tipo de distancia a veces es forzada en circunstancias donde no corresponde para lograr un efecto de cercanía artificial. Por ejemplo, el político en campaña minimiza la distancia social o pública a la categoría de íntima para obtener el apoyo de sus votantes. En un bar o local con música fuerte, se utiliza la excusa de escucharse mejor para acercarse y facilitar la seducción. Como esta distancia está tan fuertemente asociada con una relación de mucha cercanía, se suele usar para predisponer a la otra persona a adoptar una complicidad social más íntima.

• Distancia personal: Va de 50 cm a 1 metro, es aproximadamente la distancia de un brazo extendido. Este tipo de distancia no permite el fácil contacto físico, incluso existe la expresión de "mantenerlo a un brazo de distancia".

Indica una relación de cordialidad, donde las personas se conocen, no rehúyen el contacto visual pero tampoco están en la esfera del círculo íntimo de la persona. Como dijimos al principio de este capítulo, lo cultural juega un papel muy importante en la distinción de la distancia íntima y de la personal, en algunas culturas los matrimonios mantienen distancia personal estando en público y el saludo habitual es por medio de una reverencia.

• Distancia social: Va de 1 metro hasta los 3 metros. Es la destinada a extraños y desconocidos. Indica un grado de desconfianza y cautela, es más habitual que las mujeres hagan uso de este tipo de distancia cuando están con desconocidos que los hombres.

Es una forma de resguardo físico que permite una ventaja táctica en caso de necesitar poner más distancia ante una agresión. Cuando un hombre hace una pregunta a una mujer en la calle, como ser el consultar por una dirección o la parada del transporte público, la mujer mantendrá siempre una distancia social y, si se acerca para dar indicaciones, lo hará de manera cautelosa y desconfiada.

Mientras que los hombres rompen con la distancia social con mayor frecuencia con desconocidos, porque no tienen instaurada la cautela con la que el género femenino debe moverse por miedo a las situaciones de violencia sexual.

- Distancia pública: Va de 3 metros en adelante. Es la distancia que se mantiene desde un escenario, normalmente reservada a grupos grandes y situaciones de exposición pública. El emisor a esta distancia puede ser un profesor dando una clase o un expositor dando una conferencia, también un actor de teatro o un artista en vivo. Índica una exposición y requiere técnicas y experiencia para estar cómodo con este tipo de situaciones. La mayoría de las personas se ponen nerviosas al tener a grupos grandes de personas a distancia pública, porque se sienten y saben plenamente observados y, cuando hay casos de nervios escénicos o ansiedad social, la sensación es de ser juzgados o expuestos en sus defectos. Es una distancia que se maneja con la experiencia y es una de las preferidas de las personalidades más seguras y confiadas, junto con la distancia íntima, porque no hay una mejor forma de conocer a los otros que tenerlos o muy cerca o muy lejos, en la contradicción de contemplación específica o general de estas dos distancias se construye un panorama más completo.

La proxemia propia indica nuestro nivel de comodidad e incomodidad, pero debemos estar atentos a las señales enviadas por las demás personas, más si nuestra intención es agradarles, ganarnos sus favores o convencerlos de algo.

Por ejemplo, al intentar seducir a una mujer en un espacio reducido, si ella impone una distancia mayor o parece quedarse sin espacio para ampliar la distancia con quien intenta seducirla, es importantísimo que el hombre respete su proxemia —por más que el hipotético hombre del ejemplo esté cómodo con una distancia menor y desee acercarse—. Es la persona a seducir quien debe estar cómoda con la elección de la distancia, no quien lleva adelante la acción de seducción.

En la seducción con cualquier configuración de géneros y orientaciones, es indispensable leer el lenguaje del otro y buscar agradarle en base a esa lectura. La receptividad es indispensable y, todo lo que no sea permeable a las necesidades de la otra persona, se leerá como una falta de consideración y generará desagrado.

Es también interesante observar y respetar, que en las situaciones donde debe romperse la proxémica instaurada socialmente para el trato con extraños, existen reglas de lenguaje no verbal para no ofender a los demás al entrar en su espacio personal sin su deseo. No hablo de toques de carácter sexual indeseado, porque estos no tienen reglas de comportamiento posibles que eviten la ofensa. En estos casos de roces sexuales sin consentimiento, la ofensa tiene carácter delictual y, por ello, están sujetos únicamente a las reglas del derecho penal y no del lenguaje no verbal.

Me refiero a un roce de brazos cuando el transporte público está muy lleno, un empujón en el ascensor a rebalsar o un roce de caderas por el movimiento del transporte. En estos casos de roces accidentales, de empujones y de invasiones al espacio personal del otro sin consentimiento pero sin intención, es regla social no escrita el evitar el contacto visual, el llevar los brazos cerca del cuerpo para minimizar la posibilidad de roce y el pedido de disculpas en automático. Si observas un transporte público en hora pico, notarás que la mayoría de las personas —al menos, los desconocidos—, rehúyen la mirada entre sí; la mayoría mirando hacia la nada, escondiéndose en el celular o un libro y/o mirando hacia abajo. También, la mirada intensa al otro sin justificación aparente es considerada una invasión del espacio personal.

Cuando una persona observa a otra al punto de ponerla incómoda, una forma de defensa es fijar la vista en los zapatos de quien observa instantemente. Como dijimos antes, los zapatos son un indicador de la personalidad, el estatus social y la situación económica. Esta acción de fijar la vista en los zapatos del otro, hará que quien observa se sienta juzgado y deje de taladrar con la mirada.

Conducta Táctil

Los mensajes no verbales no sólo se dan cuando tocamos partes del cuerpo propio, sino que el cómo tocamos o si tocamos a los otros también tiene un significado muy importante para la lingüiística corporal. El tacto es un estímulo social que puede influenciar cómo nos ven y nos perciben, además de definir cómo nos presentamos ante los demás.

La construcción cultural también tiene una influencia muy marcada en las conductas táctiles, porque cuando el lenguaje no verbal trasciende el propio cuerpo y empieza a incluir al otro, lo cultural toma un peso más importante.

Clasificación basada en el pacto tácito:

• Conducta Táctil Profesional: Es la que invade el espacio personal de una manera que sería incómoda si no fuera por el permiso tácito que se entregó al plantear la relación demarcada. Implican siempre algún tipo de relación, normalmente laboral y es característico de algunas profesiones. Es el llamado "toque de médico", aunque puede incluir otro tipo de profesiones como el profesor de golf que acomoda los brazos de un alumno para que tire mejor, la examinación de un ginecólogo en consulta, el peluquero que mete las manos en el cabello de una cliente, entre otros. Este tipo de toques están definidos por los factores externos al contacto físico mismo y tienen un peso "profesional", porque quien inicia el toque está entrenado para hacerlo y lo realiza en una circunstancia específica. Que un médico toque el pecho de una mujer en el transporte público no será asimilable de ninguna manera a que lo haga en su consultorio, dentro de la realización de un examen mamario. La profesión no justifica el toque, sino la "situación de profesionalidad" y las circunstancias laborales.

• Conducta Táctil Social: No todas las profesiones tienen permitido una "conducta táctil profesional", solo las que necesiten de valerse del toque para lograr el cometido de su profesión. Mientras que es normal que un masajista, un sastre, un kinesiólogo, una cosmetóloga, toquen a sus pacientes o clientes, no estará bien visto el mismo tipo de toque personal en un abogado, un contador o un conductor de camiones. Además, la profesión define el tipo de toque, un peluquero no podrá tocar a sus clientes de la misma forma en la que lo realiza un pedicuro, aduciendo que su profesión permite la conducta táctil profesional.

La conducta táctil social, que también está asociada a ciertas profesiones y relaciones profesionales, es el toque cortes. Por ejemplo, será conducta táctil profesional el apretón de manos o el saludo con un toque de mejillas a modo de "beso".

• Conducta Táctil de Compañerismo: Este tipo de conducta táctil es una evidencia de vínculos emocionales y se usa, principalmente, para manifestar afecto y/o cercanía. Son los abrazos, los suaves empujones de complicidad, caricias fraternales y varían de acuerdo a la cultura, el país y el segmento etario de los involucrados. Es normal que en generaciones más jóvenes sea más normal una conducta táctil de compañerismo más fuerte, incluso fusionándose con la conducta táctil amorosa platónica. Esto es así porque los jóvenes tienden siempre a ser más efusivos en sus afectos y las generaciones anteriores están formadas en patrones de conducta con mayor distancia prudencial, para evitar malos entendidos.

• Conducta Táctil Amorosa: Este tipo de conducta táctil no está reservada para las relaciones de pareja, pero sí para las que trasuntan el mero cariño del compañerismo. Como su nombre lo indica, la conducta táctil amorosa indica un sentimiento más profundo, pero también puede aplicarse a amistades muy cercanas y familiares. Claramente, la pareja es receptora de este tipo de conducta táctil amorosa, pero no exclusivamente. En algunas culturas, está bien visto besar a los hijos en los labios e ir de la mano o el brazo con amistades, mientras que en otras, estas acciones, se reservan exclusivamente para la pareja.

• Conducta Táctil Sexual: Tenemos dos tipos de variedades dentro de este tipo de conducta táctil. La primera es la que implica una relación físico-afectiva y las segundas las que son solo conductas sexuales sin compromiso emocional. La diferencia principal suele ser la intencionalidad del toque, mientras que en las relaciones físico-afectivas la conducta sexual busca reforzar el vínculo amoroso y prolongarlo en el tiempo, además de satisfacer el deseo sexual, en las relaciones sin compromiso emocional la intencionalidad es más acotada.

Cuando no medie una relación amorosa de por medio, las conductas táctiles sexuales tendrán como única finalidad la satisfacción de un deseo físico.

Los efectos que pueden tener el desconocimiento de este tipo de vínculos y pactos tácitos son amplísimos. Por ejemplo, tengo un conocido que tiene un hábito de saludo muy incómodo. La mayoría de las mujeres hablan de él a sus espaldas y tratan de evitar el tener que saludarlo poniendo distancia apenas aparece. Pero, ¿qué hace mal este conocido para generar tanto rechazo social, especialmente del género femenino? Desconoce por igual los límites de la conducta táctil y las convenciones del espacio personal. Al saludar a una mujer, él las besa en la mejilla —haciendo contacto de sus labios con la mejilla de la mujer, no el mero apoyar de mejillas de la convención social—, mientras la toma por la cintura y la acerca a su cuerpo. Aquí tenemos una doble invasión: por un lado el toque de sus labios con la mejilla no es apropiado para una conducta táctil social y, por el otro, el fijar la distancia por el otro con la mano en la cintura resulta, más que un sello personal, una ofensa.

En cuanto al contacto físico, si uno busca agradar a los demás y demostrar un amplio conocimiento de los manejos sociales, es siempre preferible estudiar el ambiente en el cual uno busca desenvolverse, teniendo en cuenta el trasfondo cultural y las distribuciones del espacio. No será lo mismo buscar acortar la distancia a íntima con alguien en un espacio amplio, que en un espacio cerrado donde podemos dar la sensación de estar acorralando; y tampoco será lo mismo saludar a alguien con un beso en la mejilla en un país donde esté instaurado que en otro donde sea una acción reservada para el saludo de parejas.

8 Errores De Lenguaje Corporal

La variedad de errores de lenguaje corporal que se pueden realizar son casi equivalentes a la cantidad de mensajes e interpretaciones disponibles. Es abrumador, pero solo cuando uno se detiene a pensar en ello, ya que la mayoría de las personas tienen el instinto de navegar los complejos mares de la lingüística corporal —al menos en la calidad de usuario, no de experto— y se manejan en lo básico de manera natural, pero al empezar a ser conscientes de los mensajes que emitimos constantemente, debemos tener en cuenta ocho desastres que pueden arruinar nuestra imagen de manera grave.

- **Bajar la mirada y la cabeza al presentarte o afirmar algo:**

Al realizar una afirmación, el interlocutor se verá confundido si no se mantiene el contacto visual natural. Como vimos anteriormente, evitar el contacto visual se interpreta como inseguridad y vulnerabilidad, por más que sea típico en ciertos tipos de personalidades.

Mantener una mirada tranquila, determinada y atenta con nuestro interlocutor es imprescindible para transmitir una imagen de seguridad y confianza. El evitar el contacto visual se entenderá como falta de confianza y hasta como un intento de encubrir la verdad.

Es imprescindible al presentarse con otras personas, porque como dice el dicho "nunca hay segundas oportunidades para primeras impresiones" y, de iniciar con el pie izquierdo, nos será muy difícil retomar un primer encuentro con alguien que ya se construyó una primera imagen de su interlocutor.

Si observamos a las personas exitosas y a los grandes oradores, esos que transmiten confianza, seguridad y proyectan la imagen de ser líderes natos, todos tienen en común que son grandes controladores de la mirada.

Tuve un docente de teatro que, cuando juntaba a

sus alumnos en ronda, se movía de tal manera que todos tenían la sensación de que les estaba hablando en particular. No era una cuestión corporal general, sino de administración de la mirada. Durante sus clases, él mantenía un panorama general de cada alumno y, al hablar, iba observando a los ojos a todos en diferentes momentos. Esto fortalecía el mensaje y transmitía una sensación de seguridad muy necesaria para las posiciones de exposición como la docencia y el teatro.

Por otro lado, he tenido la dolorosa experiencia de presenciar clases magistrales en auditorios donde el expositor no levanta la mirada de sus notas. Esto lo deslegitima como autoridad, porque genera desconfianza en sus conocimientos.

La importancia de la mirada ha sido estudiada en todos los ámbitos. Incluso cuando un político da un discurso en televisión, es importante el contacto de la mirada con la cámara, por eso se usa el teleprónter, también llamado apuntador electrónico, que permite que pueda leer el discurso mientras mira fijamente a la lente de la cámara, como si estuviera hablándole directamente al espectador.

- **Fruncir el ceño o el entrecejo al escuchar:**

Cuando empecé a prestar atención a mi lenguaje corporal, me di cuenta que hacía esto muy habitualmente. Creía que me daba una expresión de concentración en lo que estaba escuchando, pero lo cierto es que estaba cayendo en un error de principiantes muy habitual. Estaba confundiendo la escucha activa con una crítica activa.

El fruncir el ceño o el entrecejo al escuchar a otra persona borra la empatía del rostro y genera una impresión de crítica. La escucha activa es amable y no es juzgadora, dejándonos permear por los argumentos ajenos. Este tipo de escucha que parece algo sumiso es en realidad una gran herramienta de transformación social, porque las personas son más propensas a beneficiar a quienes los escuchan y prestan atención, además, el escuchar los diferentes argumentos antes de tomar una decisión es una cualidad de los líderes empáticos. El estar seguro de la propia voz implica poder escuchar las otras y no debe ser considerado un gesto de vulnerabilidad, sino de confianza y seguridad.

Siempre que recuerdo la expresión que ponía al escuchar a otras personas, la cual denotaba incredulidad o desconfianza, recuerdo el dicho que dice que uno debe ser como el junco, doblarse con el viento para no quebrarse y consigo brindarle al otro una buena escucha activa, de la cual ambos podemos beneficiarnos.

Para ser un buen lingüista corporal uno debe conocer a los demás, pero primero conocerse a uno mismo. Por eso te invito a hacer introspección y observación, ¿qué vicios corporales tienes que transmiten los mensajes equivocados? A veces queremos parecer confiados y seguros, y solo conseguimos proyectar una imagen de desconfianza o de hostilidad, es importante no confundir ni mezclar los mensajes porque cuanto más claro transmitamos lo que deseamos emitir como mensaje, más claro llegará al interlocutor que no tiene la formación teórica para leer el lenguaje corporal y solo se mueve por sus percepciones instintivas. Los instintos de los otros son una ventaja para quienes son conscientes y saben de lenguaje corporal, porque es sobre sus percepciones que uno puede construir un mensaje intencional.

- **Falta de sonrisa:**

A veces la vida es dura, pero el negar la sonrisa a los demás hace que las personas se pongan en guardia y genera más dificultades en el camino. La sonrisa, como ya vimos, es instintiva y evolutiva, y está asociada con un montón de sentimientos positivos no solo en nosotros mismos, sino en todos los integrantes de la especie. Incluso reaccionamos positivamente a la sonrisa de animales, hay razas de perros que son conocidas por "sonreír" y esto es algo que los criadores cultivan.

El no sonreír da una impresión de distancia constante y pone una barrera con las demás personas que, instintivamente, se responde de manera similar. Cuanto menos sonrías en tu vida diaria, menos personas dispuestas a sonreírte y a tratarte con afabilidad encontrarás. Es más probable que alguien de pocas sonrisas siempre se encuentre con exigencias más estrictas, personas intransigentes y falta de solidaridad, no es una cuestión de "suerte" sino que el sonreír acerca a las personas y construye un puente para el entendimiento. Sin sonrisa, no existe dicho puente.

Igualmente, es importante no sonreír de manera falsa, porque esto puede ser interpretado como una burla y una mofa al interlocutor. Entre la opción de sonreír falsamente y no sonreír, es preferible la segunda opción.

Tampoco quiero dar a entender que debemos ocultar nuestras emociones bajo una falsa sonrisa constante o que para triunfar en la vida hay que estar siempre feliz, nada más lejano de la realidad. Pero en situaciones donde uno busca el favor ajeno o necesita crear empatía con un individuo, una sonrisa sincera y amable es una gran herramienta facilitadora del terreno no verbal.

- **Morderse las uñas o llevar las manos a la boca:**

Dentro de esta categoría también voy a nombrar el tocarse o pellizcarse el labio con los dientes de manera no insinuante o pellizcarlo. Estos gestos resultan infantiles y denotan nervios e inseguridad, dando la sensación de que la persona que lo hace está ansiosa en extremo.

Acciones como esta arruinan cualquier imagen de autoridad, confianza y seguridad que tanto se busca cultivar al aprender a conocer el lenguaje no verbal, generando incluso incomodidad en las personas circundantes. Los nervios se contagian y nadie quiere estar cerca de una "bola de nervios", por eso, si se busca generar una buena relación con las personas y cultivar un ambiente propicio alrededor de uno, se deben evitar estos signos de nervios, ansiedad e inseguridad. Además, no es como si realmente sirvan para controlar el nerviosismo, normalmente lo agravan al dar una sensación de exposición y de culpabilidad.

El cuerpo solo sirve para canalizar el estrés en forma de síntomas, la verdadera batalla por la tranquilidad se lleva adelante en la mente del individuo. Unas técnicas básicas de meditación o mindfulness harán más maravillas para el estrés que morderse las uñas hasta desangrarse los dedos.

El ver a alguien con las manos en mal estado siempre predispone negativamente, produciendo una sensación de infantilismo y poca madurez para enfrentar el mundo. Por eso es tan importante el cuidado de las manos al ir a entrevistas de trabajo o realizar presentaciones a corta distancia. Las uñas pueden estar cortas o largas, eso ya es una preferencia personal que puede indicar una personalidad más práctica o más atenta al detalle o incluso la práctica de algún instrumento o deporte, pero el comerse las uñas solo indica una personalidad nerviosa y la dificultad de manejar las situaciones de estrés.

- **Ocultar las manos:**

Las manos mandan un montón de mensajes no verbales, por lo tanto ocultarlas es un signo que hace desconfiar a las personas. En la antigüedad el dar la mano para saludar surgió como una forma de mostrarle al enemigo que no se sostenía un arma, observamos la misma intención en el clásico grito de "¡manos arriba!" de la policía tan popularizado por la televisión y el cine, esto es así porque el mostrar las manos es una forma de generar confianza en el otro.

El ocultar las manos hace siempre sospechar sobre qué sostienen y qué se está maquinando con ellas, aunque uno las tenga solo debajo de la mesa por falta de espacio en una reunión concurrida, el mostrarlas de vez en cuando es casi una obligación social. Sino resultará sospechoso.

- **Parpadeos anormales:**

El mirar a los ojos es una constante en la mayoría

de las culturas y algo necesario para dar una impresión de seguridad y confianza, pero la forma en la cual se mueven los ojos y, particularmente, los párpados es también algo a tener en cuenta.

Muchas personas, al ponerse nerviosos, empiezan a parpadear de maneras anormales. El parpadeo puede ser acelerado, como a velocidad de colibrí, o inexistentes. Un parpadeo demasiado rápido o unos ojos que se secan porque parpadean muy poco llamarán la atención más que lo que se está diciendo. También, a veces el parpadeo acelerado es producto del picor producido por la sudoración del rostro ante una situación de tensión. En estos casos, es conveniente secar el rostro con un pañuelo y no dejar que las facciones del rostro se vean afectadas por la sudoración, será más distractivo un parpadeo anormal que el que el secado del sudor.

- **Taparse la boca cuando nos hablan:**

Al no saber qué hacer con las manos que siempre acompañan las palabras dichas mientras otro habla, algunas personas optan por llevarlas al rostro y cubrir la boca. Esto no debería hacerse, porque da la señal de que se quiere interrumpir al interlocutor con un comentario negativo y se opta por poner la mano ahí para callarlo.

Como vimos en la sección referente a manos, no da un buen mensaje no verbal el tener las manos cerca de la boca, mucho menos cubrirla.

En caso de no saber qué hacer con las manos mientras el otro habla, es preferible que las manos estén en posición de descanso donde pueden verse. Preferentemente con las palmas hacia arriba de manera receptiva y sin tensión.

- **Tener las manos húmedas:**

La transpiración en las manos o las señales visibles de transpiración en axilas o rostro no solo dan una impresión de mala higiene personal, sino que indican nerviosismo y ansiedad.

Es preferible estar atento a lo que se puede controlar de este tema con buenos desodorantes y cuidado de la higiene. Y en relación a la transpiración de las manos y el rostro, es conveniente tener un pañuelo de tela siempre a mano para secarlas rápidamente.

Antes de dar la mano siempre es importante revisar que la misma no esté sudorosa, porque de estarlo generará incomodidad, pero es tampoco recomendable limpiarla de manera obvia en la ropa. Es mejor guardar un pañuelo en el bolsillo del pantalón y secar la mano discretamente justo antes de darla.

Otro tema en relación con este es la selección de un perfume, los mensajes relacionados a los olores darían para otro libro completo. El ser humano siempre está procesando información recibida por todos los sentidos, por lo cual es importante estar atentos a los mensajes que enviamos con nuestro cuerpo en totalidad. En caso de no estar seguro sobre si un perfume es apropiado para una situación o no contar con presupuesto para comprar una fragancia de calidad, siempre es preferible optar por los perfumes de los productos de limpieza corporal

—jabones y productos capilares— porque los perfumes de imitación son fáciles de reconocer y cambian de maneras impredecibles durante el día. La falta de perfume no llamará la atención tanto como la selección de uno erróneo o de una fragancia barata. El perfume se usa para añadir distinción y crear una imagen olfativa agradable, seductora y acorde a nuestro sello personal, la mala elección del perfume puede tirar por tierra gran parte del trabajo sobre el lenguaje corporal.

Capítulo Ocho:

Cómo Reconocer A Un Mono Con Hoja De Afeitar

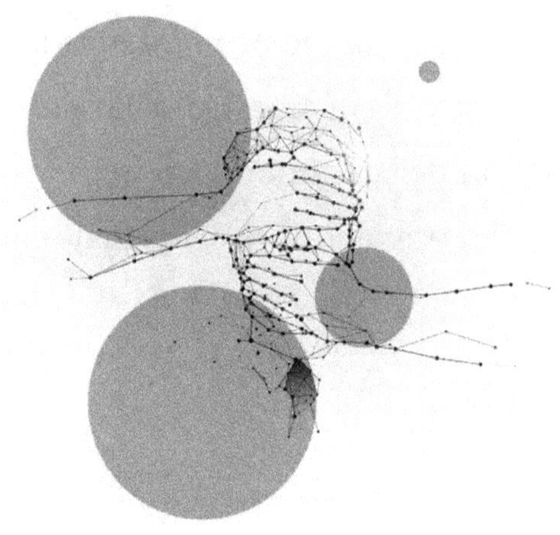

Las personas tóxicas, los manipuladores, los perversos narcisistas, los psicópatas y las grandes categorizaciones que viene haciendo la psicología y el folklore popular de lo que, a groso modo, son personas con las que no querríamos entablar una relación cercana, son también parte del estudio de la lingüística del cuerpo. Esto es así porque estas personas hacen del lenguaje verbal su campo de juego, tienen normalmente el don de la palabra y es eso lo que los hace tan peligrosos para el resto de las personas que los rodean.

¿Qué significa que tienen el don de la palabra? Significa dos cosas. Por un lado, significa que estas personas manejan en profundidad el lenguaje verbal y que con él podrán tocar a los otros como si fueran instrumentos musicales, haciéndolos sonar al ritmo de sus caprichos personales y, por exclusión y analogía, que el mismo don no se traspola a lo corporal.

Hay muchísimos estudios sobre las etapas de seducción del manipulador, formas de identificarlo cuando ya pasó el hecho y el daño a la propia psiquis ya es irremediable, pero todas estas formas de identificación requieren de la experiencia previa y, porque la palabra solo es procesada después de ser dicha y a posteriori, de que se produzca un sufrimiento. Lo mismo que la manipulación emocional, uno ve el efecto residual y pocas veces puede ser consciente del hecho mientras el mismo se está produciendo.

La ventaja del lenguaje corporal es que, a diferencia del verbal, es más fácil identificarlo y estudiarlo durante su producción y no a posteriori. El lenguaje del cuerpo es inmediato y suele escapar a la memoria a largo plazo, es registrado y analizado en instantes cuando no es grabado por medios audiovisuales o descripto en largas y detalladas notas para el estudio académico.

En este punto te estarás preguntando por qué el título de este capítulo: "Cómo reconocer a un mono con hoja de afeitar" si estos individuos son tan peligrosos, nocivos y, en su gran mayoría, particularmente inteligentes. Porque ese desempeño espectacular que puede causar destrozos en el autoestima de otras personas, generar relaciones codependientes, aislamiento social y destruir familias, carreras y vidas, no tiene su equivalente en el lenguaje no verbal. Einstein decía que, si juzgamos a un pez por su habilidad de trepar un árbol, vivirá su vida creyendo que es un estúpido. Las personas tóxicas son siempre juzgados por su habilidad para trepar árboles, el lenguaje verbal es el más difundido y el más instaurado, lo cual facilita que esa sea la vara con la cual se mide la inteligencia y el desempeño eficiente en las relaciones e intercambios comunicacionales. Pero cuando se trata de lenguaje no verbal, es el equivalente a juzgarlos por sus habilidades de nadar en las profundidades del océano.

La categoría de personas que conviene evitar para tener una vida sana emocionalmente, no destaca por sus habilidades en lingüística del cuerpo. Sí, pueden ser excelentes lectores, pero sus emisiones de mensajes siempre tienen alguna particularidad que permite su identificación.

Es importante que sepas que el análisis corporal no es lo único que te permitirá identificar a este tipo de individuos, pero es un indicador inmediato que te permitirá estar alerta para identificar la presencia de otros indicios. También hay que tener cuidado porque muchos de los gestos, mensajes y hábitos físicos que van a ser detallados en esta categoría, pueden a su vez ser adoptados por personas ansiosas o personalidades reservadas, que también tienden a intentar controlar su lenguaje corporal de manera artificial.

Una persona nociva puede intentar manejar los mensajes que envía su cuerpo, pero le resultará más difícil porque no es su ambiente. El cuerpo reacciona a impulsos emocionales, si bien se lo controla de manera consciente para ciertos movimientos, las emociones siempre están detrás del volante en su manejo y, como las personas nocivas tienen una relación compleja y antinatural con las emociones, trasladan eso a sus reacciones físicas y a los mensajes corporales que emiten.

La identificación de un individuo nocivo o un depredador humano debe nacer, como cualquier lectura, de un análisis global entre sus mensajes verbales y no verbales. Además de una íntima disección de los efectos emocionales que tienen en nosotros. Pero estos signos de advertencia deberían ser siempre escuchados por encima de los mensajes verbales que proyectan falsa seguridad.

Los nocivos usan a las otras personas como objetos, por lo cual no ven ninguna contradicción en la manipulación verbal que realizan de manera constante y su cuerpo estará en sintonía no con lo que dicen, sino con la tranquilidad que les da el realizar esa manipulación. Una persona que miente esporádicamente, que quiere salirse con la suya en una conversación en particular a cualquier costo o que necesita ganar un argumento por razones que no son solo el ensalzamiento de su propio ego, no será una persona nociva ni un depredador humano, solo estará teniendo un comportamiento nocivo o ventajista por una necesidad o situación puntual.

Pero hay ciertas corporalidades que compartirán las personas de esta categoría y que te permitirán estar alerta a lo que salga de sus bocas, porque la advertencia no verbal es algo de lo que no pueden desprenderse.

Actitud

Son abnegados y románticos en exceso pero sin que esto les modifique el cuerpo. Esta característica pertenece a la llamada fase de seducción y, si bien engloba un conjunto de comportamientos, también tiene su raigambre en lo corporal. Cuando un individuo con las características de persona tóxica hace a alguien su foco de atención, lo hará sentir el centro del universo, no será un romance "natural y paulatino" sino que será una explosión abrumadora de gestos destinada a hacer bajar la guardia de su víctima y a alzarse como un ser perfecto.

Todos tratamos de vernos mejor en las etapas iniciales de una relación, pero la persona tóxica lo hará con un nivel antinatural de narcisismo. A lo que hay que estar atentos, es a que la corporalidad no acompañará estas muestras deliberadas de atención. Ya vimos las características del desinterés en el cuerpo, los pies que apuntan hacia otro lado, los cuerpos que se alinean en direcciones contradictorias con los dichos, entre otros, esto se manifestará mientras que su lenguaje verbal estará gritando interés.

Mientras que estos individuos realizan acciones constantes para sobresaturar de atenciones y afecto a su foco de atención, físicamente no demuestran un interés genuino, porque tienen un nivel de energía superior al resto de las personas que les permite focalizarse en una persona sin invertir emocionalmente.

En cuanto a su forma de hablar, proyectarán más la voz y tendrán gran control de los tonos comunicacionales. Como mencioné en la introducción de este capítulo, tienen el don de la palabra y dentro de su dominio son reyes y reinas, manejan herramientas retóricas entonaciones, chantajes emocionales y diferentes formas de manipulación verbal. Pero es probable que haya momentos donde esta proyección de la voz se eleve sin razón aparente, la emoción más familiar para estas personas es la rabia, la cual puede infiltrarse incluso por sobre su excelente control vocal.

También, serán personas con una actitud altanera y exigentes en cuanto a que los demás se acomoden a sus preferencias. Por ejemplo, al momento de saludar nunca renunciarán a su altura, haciendo que los otros se tengan que agachar o estirar para poder saludarlos, no variarán su paso para acompasarse al andar de otra persona ni tendrán en consideración la seguridad del otro.

Comportamientos De Acción

Las personas dañinas no serán solo las que buscan manipularnos, sino que también quienes lastiman con esos comportamientos desgastantes que van dañando la psiquis y cansando las relaciones. A veces es una cuestión de falta de atención, de desgaste por la vida cotidiana, pero estas acciones van causando un daño y, cuando se suman a las características antes nombradas, son un mayor indicativo de que estamos en presencia de un mono con hoja de afeitar.

Los gestos y sonidos de desprecio, son algo que

está entre lo verbal y lo no verbal, porque no son palabras pero tienen un claro mensaje de burla. A veces cuando se hace un comentario, la respuesta con un sonido resulta despectiva.

Los tonos de voz agresivos o pintados con desprecio en presentaciones y respuestas. Esto se agrava en categoría si ocurren en situaciones públicas o donde los testigos sean personas que valoren al interlocutor que la persona tóxica busca minimizar.

El trato grosero puede verse claramente en la verbalidad y es una característica de este tipo de individuos, que así como pueden ser lo más dulce del mundo, no tienen filtro social para el vocabulario que usan y tienden a la agresividad verbal, no usarán "por favor", "gracias" ni serán capaces de decir "perdón" o "lo siento", también emitirán sos pedidos con tono de orden.

Y también hay una agresión en el manejo de los objetos. Al pedir un objeto que estas personas tienen cerca, si conseguimos que acepten facilitarnos algo, nos lo tirarán de manera despectiva. Lanzamientos de objetos imposibles de atrapar o tirados con asco, como si lanzaran un hueso a un perro.

Corporal

La corporalidad de estas personas puede confundirse con la de las personalidades reservadas o personas con ansiedad social, porque tienden a tener movimientos corporales más discretos. No gesticulan con las manos al hablar, a menos que sea de manera agresiva, y tienden a ser reservados con su lenguaje corporal. ¿Por qué es esto? Porque subconscientemente saben que el lenguaje no verbal es su falencia y no están cómodos enviando mensajes con este tipo de lenguaje, prefieren llevar al interlocutor a la plática verbal, donde ellos tienen la ventaja. Mientras hablan, tienden a quedarse quietos o solo enviar mensajes agresivos.

Su postura natural es con el cuerpo erguido, rígido y altivo. No descienden al nivel de los demás. También, sus cuerpos están siempre en tensión, porque, como dijimos anteriormente, la rabia es la emoción que más manifiestan y suelen reprimirla con voluntad de acero para que no se note a menos que decidan exponerla. Esto hace que su cuerpo esté rígido, carente de fluidez en sus movimientos.

Exceso De Control

Cuando se trata de personas que buscan controlar a las demás, lo primero que intentan controlar es la propia corporalidad, pero eso no significa que lo consigan. Darán una impresión de trabados, quizás sí impongan una figura de autoridad, pero no parecerán orgánicos en sus movimientos. Carecerán de fluidez y naturalidad.

Si los observamos ignorando sus palabras que bailan y sí tienen gran fluidez, sus cuerpos están tiesos y bajo control, como si tuvieran miedo de lo que pudieran expresar sin su consentimiento. Este exceso de control es natural, pero también deja filtrar las características que desarrollaremos a continuación. La tensión muscular también puede ser síntoma de una persona bajo mucho estrés, por eso es que ninguna de estas características en individual sirve para indicar una persona perjudicial para las demás, es el conjunto y la suma de lo que haga con el lenguaje verbal lo que permitirá su identificación, pero las señales corporales pueden dar una advertencia temprana para estar más atento a los mensajes dichos en voz alta y su efecto en la propia psique y salud emocional.

Lenguaje Facial

Hay una discordancia entre lo que expresan con su lenguaje facial y lo que expresa la mirada, normalmente dado por una falsa sonrisa. Por eso hacemos tanto énfasis en la importancia de la sonrisa y las formas de reconocer una genuina, porque la sonrisa es un indicador de que algo anda mal. La sonrisa falsa de estos individuos no llega a los ojos y se tira ligeramente hacia abajo.

Esto también es un signo de contención física, porque tratan de controlar su sonrisa y les sale una mueca rígida donde el lenguaje no verbal los delata como que ocultan algo.

Mirada

Los ojos son el reflejo de las emociones internas y las personas en esta categoría tienden a tener miradas poco expresivas, carentes de profundidad y que producen una sensación de vacío. En concordancia con lo dicho en el punto sobre lenguaje facial, la mirada tampoco se condice con lo que están diciendo verbalmente. Es como que siguieran caminos diferentes: por un lado lo que dice la mirada impávida y por otro lo que dicen los labios, devotos y compradores. Esta discrepancia es un punto de atención

No es por nada que se llama a los ojos las "ventanas del alma" y que requieren tanta atención e importancia al entablar conversaciones, porque la mayoría de la gente habla con los ojos también. Desde niños, aprendemos a reconocer estas miradas, ¿a quien no le pasó que su madre, padre o abuela podía detenerlo en seco solo con una mirada de advertencia? Los ojos pueden adquirir dureza, suavidad, dulzura y una infinidad de emociones diferentes, pueden humedecerse, permanecer secos, entrecerrarse, dilatarse, abrirse más o arrugarse en los bordes, entre muchas otras opciones. Cada color de ojos tiene sus particularidades. Los ojos muy claros tienden a tener menos expresividad y sol tildados de "fríos" naturalmente, mientras que los negros son ojos más "misteriosos" porque resulta difícil el estado de la pupila dentro de la iris. También hay ojos que se ven afectados por el clima y cambian de color, pero las lecturas se hacen igual sin importar la coloración del iris.

Cuando hablamos de personas patológicamente dañinas, debemos estar atentos a que los ojos no son expresivos, generan una sensación de barrera o de distancia donde no se puede dilucidar lo que piensan o sienten en ese preciso momento. Estos ojos distantes y reservados, parecen ausentes y vacíos.

Los cambios en la pupila del ojo pueden ser difíciles de identificar, pero cuando sentimos miedo, pena, amor, alegría u otras emociones fuertes, la pupila se dilata. Los cambios de tamaño de la pupila, la expansión o la contracción, deben acompañar el despliegue de emociones volcadas en el lenguaje verbal, sino hay algo mal en la persona.

La mirada insistente y vacía, que persigue algo de manera casi mecánica es preocupante. Indica una personalidad fría y calculadora focalizada en algo de su interés. También, cuando las personas miran constantemente por encima de uno, es indicativo de que no le prestan una atención como personas, sino como un objeto.

Modo Ataque

El grupo de personas al que nos estamos dedicando en el presente capítulo tiene otra característica que los engloba y es la constante preparación para el ataque, pero no para la defensa. Ellos no perciben al resto de los seres humanos como un peligro para el que deban prepararse con técnicas de defensa, sino que son depredadores humanos que se nutren de las emociones que parasitan. Por lo tanto, se comportan como depredadores y están siempre preparados para saltar al cuello de su próxima víctima.

Importante

Una o dos de estas señales no son indicativas de una personalidad nociva, ni siquiera llamados de atención. Puede tratarse de una persona reservada o incluso de alguien amargado, pasando por un periodo difícil que lo lleva a comportarse de esta manera por la carga emocional que lleva. Por eso es que insisto con que los análisis siempre deben ser globales y debemos tener cuidado con llegar a conclusiones apresuradas porque pueden hacernos caer en las llamadas "profecías autocumplidas".

Pero cuando llegamos a la suma de los factores, agregamos la observación de los mensajes verbales a los no verbales y estudiamos el efecto que el individuo en cuestión tiene sobre nosotros, no tiene sentido negarlo, podemos estar en presencia de una persona de la que debemos alejarnos.

Capítulo Nueve:

¡Como Caer Bien Y Jamás Recibir Un No Como Respuesta!

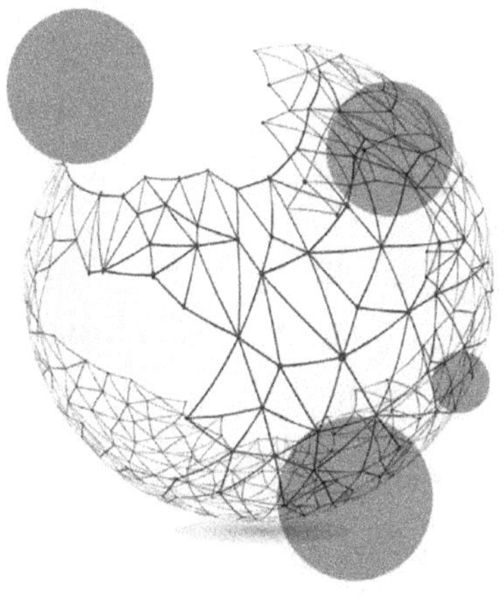

A los dos segundos de conocer a alguien ya podemos decidir si esa persona nos agrada o nos desagrada y, por consiguiente, si estamos inclinados a brindarles nuestros favores o vamos a hacerle remar para conseguir lo que desea. Ese primer juicio es instantáneo y está basado casi íntegramente en el lenguaje no verbal y la imagen que las personas proyectan sin darse cuenta.

Dos segundos y se predispone toda una relación e incluso una vida, por eso es que hay que prestarle especial atención a las primeras impresiones, más cuando estamos entablando la misma con un fin—por ejemplo, en una entrevista de trabajo, en una primera cita, en una presentación de trabajo o al rendir un examen oral o presentar una tesis—son situaciones donde caerle bien a alguien puede inclinar la balanza hacia la respuesta que tanto nos interesa o perjudicarnos. Las preguntas que pueden responderse por sí o por no y afectan nuestra entera vida son incontables, ¿tengo el trabajo? ¿volverías a salir conmigo? ¿cerramos el trato? ¿estoy aprobado? Se me ocurren infinidad de ejemplos de situaciones en las que, sin que lo notes, toma dos segundos predisponer una respuesta.

¿Por qué esos dos segundos? Es una reacción instintiva con la que no se puede luchar, está ligada en los instintos de supervivencia donde ese es el tiempo que se dispone para decidir si alguien es una amenaza o un posible aliado, no podemos pelear contra ese instinto animal, ¡pero podemos usarlo a nuestro favor! Una buena primera impresión nos allanará el camino para lograr nuestros propósitos y facilitará la persuasión. Incluso se pueden ganar discusiones o zanjar problemas que parecían irremediables en el terreno verbal al tener un lenguaje no verbal asertivo y apropiado.

En el minuto y medio que le sigue a esos dos segundos, además, se demarcaran las relaciones de poder que definirán la relación. La primera impresión es breve, instantánea e instintiva, en la segunda empiezan a jugar lo cultural y los escalones sociales en los que nos desenvolvemos. Por ejemplo, te presentas ante un entrevistador. Lo primero que notará es cómo presentas tu cuerpo, tu vestimenta y tu olor, después to tono de voz, tu personalidad, tu vocabulario y tu educación. Tus antecedentes recién serán analizados en la etapa racional de la entrevista, pero la primera parte de la presentación ya estará fija en la mente del entrevistador y será difícil que cambie sus preconceptos.

Esto es muy importante por la simple y lógica razón de que lo emotivo mueve montañas. Un razonamiento podrá convencer a una persona lógica, pero un presentimiento o una emoción podrá mover a cualquiera y, normalmente, no sabemos qué tipo de mentalidad tienen las personas que conocemos. Además, las personas con autoridad, poder y bien ubicadas en los estratos sociales, manejan una mezcla de los dos y se enorgullecen de tener "buenos instintos".

Además, hay una modificación de la percepción de las personas basadas en sus preconceptos. Lo estuvimos desarrollando dentro de lo que llamé "predicción autocumplida", cuando alguien nos cae mal, se tienden a observar más sus defectos y, por el contrario, cuando alguien nos cae también queremos que "nos siga cayendo bien", por lo cual observamos lo mejor de esas personas. Es una trampa cuando nos enredados en seguirle buscando defectos a alguien o nos negamos a ver los errores de alguien que nos agrada, pero sabiendo que todas las personas se manejan de la misma manera es una ventaja de la que podemos valernos. A continuación, desarrollaremos diferentes puntos de interés y de atención a la hora de presentar una primera impresión y de buscar convencer a alguien de algo.

Convence Inteligentemente

Es muy probable que al momento de una presentación alguien vaya con el ego por delante. También en las discusiones. El ego, el orgullo y la soberbia son opciones de presentación negativas que nublan la objetividad propia y de los otros, porque se perciben aunque uno intente esconderlas y generan rechazo. A las personas las mueve hacia adelante solo el propio ego y buscan instintivamente bloquear el avance del de los otros. No es un concepto agradable, pero es como funciona el ser humano.

Por lo tanto, de igual manera al discutir como al presentarse no hay que perder de vista el objetivo principal: conseguir ese trabajo, aprobar ese examen, que la pareja acepte ir a comer con los suegros, etc. Y dejar el ego y sus consejos de lado. Una presentación o discusión inteligente es la que tiene un objetivo claro y no se deja distraer por las pequeñas ofensas. ¿Tu interlocutor no notó tu nuevo peinado? ¿no te ofreció algo de beber en un día caluroso o, simplemente, está muy malhumorado y no te sonrió ni una sola vez? Esas son ofensas al ego y hay que superarlas para no caer en un espiral de ofensas mutuas, donde jamás conseguirás predisponer positivamente a tu interlocutor y menos obtener lo que deseas de la presentación o discusión.

Copia el lenguaje no verbal

El ser humano es un animal social, vive y se define en sus interrelaciones con los otros. Y los grupos de confianza se conforman por personas con características similares. Es un rasgo evolutivo, el ser humano se encuentra en más confianza con quienes se le parecen, probablemente porque se favorezca instintivamente el componente genético similar.

Si bien la diversidad en las relaciones es sana y

algo a cultivar, lo habitual es que las personas se rodeen en sus círculos de amigos por personas que se le parecen. Es la manifestación del refrán "dime con quién andas y te diré quién eres", pero este prejuicio puede ser usado a favor en relación al lenguaje no verbal.

Esto es así porque la comodidad genética no está limitada a las características fisonómicas, también se genera con relación a las actitudes corporales. No es correcto y probablemente sea perjudicial el imitar el lenguaje corporal de un posible jefe, pero sí intentar copiar su seguridad y confianza. Mantenerse de pie cuando la otra persona lo esté o sentarse imitando la posición de sus manos. Cuando la otra persona adquiera una posición física de barrera —como lo es el cruzarse de brazos— un truco útil para hacerlo relajarse es iniciar copiando la postura e ir, lentamente, relajándola y desarmando el cruce de brazos. El paulatino descruzamiento, acompañado por una actitud afable y cada vez más relajada tentará al interlocutor a adquirir la misma postura. Es importante recordar que no solo el lenguaje corporal es una manifestación de los más internos pensamientos, sino que un cambio en la postura del cuerpo puede generar una influencia en las emociones subyacentes. Intenta el siguiente experimento: cruza los brazos muy apretados al cuerpo, junta las piernas y frunce el ceño, luego dí "no" con el tono de voz que te salga más natural. A continuación separa los pies en actitud relajada, extiende los brazos como para dar un abrazo gigante y muestra las palmas hacia adelante, sonríe y relaja el rostro, y di "no" con el tono de voz que resulte más natural a la postura adoptada. ¿Puedes notar una diferencia? Mientras que una postura fortifica la negativa, una la dificultad. Conseguir que el interlocutor vaya relajando si lenguaje no verbal es un paso en la dirección de influenciar su pensamiento y la fuerza emotiva con la que se aferra a su postura.

También, el lenguaje no verbal también se extiende a los silencios, por lo cual es preferible no hacer un monólogo si nuestro interlocutor es puntual y preciso en su forma de expresarse. Es parte de construir un terreno donde sienta afinidad.

Además, es de suma importancia respetar la proxemia con la otra persona. Si buscamos acoplarnos a sus gustos para que la presentación sea exitosa no podemos dejar de prestar atención a la distancia que nuestro interlocutor nos presenta. Los avances en la dirección de generar más confianza pueden hacerse pero con extrema cautela y cuando el interlocutor mantenga todas las señales corporales de receptividad. Ante la menor muestra de incomodidad del interlocutor hay volver a la distancia de proxemia que él marcó, porque es más fácil lucir amenazador, impaciente y avasallar al ignorar el espacio personal delimitado por alguien. Una buena forma para testar si el la distancia está delimitada holgadamente es extender la mano para buscar algo. Por ejemplo, en una mesa donde se realiza una presentación, el acomodar un papel para una mejor lectura conjunta es una forma no invasiva de entrar en el espacio del otro. Percibir y registrar su reacción corporal a ese acercamiento marcará la pauta de si es posible acercarse más o es mejor mantener la distancia prudencial. Estos intentos no deben hacerse al inicio de una conversación ni en una discusión acalorada, porque siempre la reacción será negativa, pero cuando los ánimos están relajados y la otra persona da la impresión de estar cómoda, una distancia más íntima o social pueden ayudar a cimentar un clímax de confianza.

Lo mismo la conducta táctil, en algunas culturas el saludar con un toque de mejillas que emula un beso es habitual incluso entre hombres, pero en otras solo se acepta el saludo dándose la mano. En esto debemos adaptarnos a la cultura del interlocutor, de querer imponer nuestra propia cultura podemos quedar como desconsiderados mientras, que de prestar atención a las preferencias ajenas, siempre quedaremos como cultos y respetuosos. Un consejo para las presentaciones es esperar a ver si nos tienden la mano o se acercan ligeramente. Entre mujeres está más instaurado el saludo con un beso en la mejilla, mientras que algunos hombres se ofenden cuando se los saluda de este modo en un ambiente laboral. Es importante el conocimiento del ambiente en el cual uno busca insertarse antes de intentar entrar, observar cómo se manejan las otras personas, qué tipo de presencia tiene nuestro interlocutor y qué tipo de personalidad creemos que puede tener. El lenguaje corporal nos adelantará mucha de esta información incluso antes de que se digan las primeras palabras.

Cultiva Una Apariencia Calmada

La ansiedad y los nervios generan rechazo, el apuro también. Cuando necesites algo no es buen momento para pedirlo entre apuros o cuando tengas demasiadas cosas dando vueltas por la cabeza, pide ese aumento cuando estés tranquilo, seguro de que te lo darán y sin problemas de salud transitorios evidentes. Ese será el terreno más ventajoso para tu pedido.

Si es una discusión a lo que te enfrentas, intenta posponer en caso de estar alterado. Es preferible pedir un rato para airear la cabeza que arrancar un intercambio de opiniones en menos que óptimas condiciones porque acabarás perdiendo la discusión.

También es importante mantener la calma durante la discusión, un ataque o comentario agresivo activará el sistema de defensa del ego del interlocutor y lo pondrá a la defensiva, convirtiendo lo que puede ser una discusión beneficiosa para ambos en una pelea de ladridos donde ninguno se escucha y solo buscan plantar su bandera más alta que la del adversario.

Escucha Activamente

Lo que el otro dice es tan importante como el propio argumento o incluso más, porque es la base sobre la cual se deberá afianzar lo que vayas a decir después. Nunca finjas escuchar, al contrario, escucha activamente y presta atención al lenguaje verbal y al no verbal. Así como tienes una necesidad dentro de la discusión, el otro también tiene la suya y necesita plantear su punto de vista y poder expresar lo que piensa y siente. No todas las discusiones tienen un ganador único, a veces las concesiones que se pueden hacer no son excluyentes, especialmente en relaciones de pareja o afectivas.

En relaciones laborales o profesionales es más normal que los puntos de choque no sean negociables, pero a veces se pueden armar intercambios beneficiosos para ambas partes al escuchar activamente al otro. No escuchar lo que el otro dice es como lanzarse a cruzar un terreno extenso sin haber consultado un mapa ni saber si será escarpado o llano, un mar o una selva. Mientras que escuchar al otro es saber a dónde nos dirigimos y qué tipo de terreno debemos cruzar para llegar a puerto. Quiero que imagines la posibilidad de emprender un viaje, ¿te animarías a zarpar sin tener idea del destino, clima, ecosistema o posibles imprevistos del viaje? Quizás existan las personas aventureras que desean simplemente lanzarse a explorar el mundo, pero en cuestión de discusiones ese mismo arrojo resulta siempre contraproducente. Lo más probable es que estas personas que no investigan y/o escuchan terminen naufragando o preparando ropa de invierno en pleno verano.

Tomate tu tiempo cuando discutas, convierte la discusión en una construcción conjunta que apunta a un mejoramiento de las condiciones para ambos. No siempre será posible, pero cuando mantienes un lenguaje corporal abierto, una apariencia calmada, una escucha activa e irradias accesibilidad, estarás instando al interlocutor a hacer lo mismo y a prestarte la atención que necesitas para hacerlo abrirse a tu punto de vista.

Irradia Accesibilidad

La postura en cualquier intercambio debe ser accesible, la impresión de accesibilidad se logra con un lenguaje corporal asertivo y manteniendo una expresión facial afable sincera, una sonrisa cordial también ayuda a construir una imagen de razonabilidad y buen trato. Esto ayudará a que la gente reaccione en espejo y también nos beneficie con una postura receptiva.

La receptividad física se hace después psicológica y son pocas las personas que pasan de la comodidad y tranquilidad a la negatividad, por el contrario, quien se encuentra cómodo y a gusto tiene una predisposición emotiva a las afirmaciones positivas que buscan mantener y perpetuar el estado de contento.

Lenguaje No Verbal Abierto

En relación con el punto anterior, el lenguaje corporal debe tener un énfasis en la permeabilidad. Las personas que dan una imagen de inamovilidad despiertan esta misma postura en los demás, por lo tanto es importante que mantengas una imagen de escucha activa y de apertura a lo que te dicen. No basta con escuchar al otro, esta escucha debe notarse en el lenguaje verbal.

Evita tapar tu boca, tocar tus oídos, cruzarte de brazos o encorvar la espalda. La postura ideal es relajada, con el cuerpo derecho y tratando de no emitir mensajes corporales de cierre o de barrera. Notarás que al adoptar estas posturas receptivas, también la mentalidad te permitirá encontrar nuevas opciones y salidas que antes no estabas observando.

El arte de obtener siempre un "sí" a nuestros argumentos es desprenderse del ego y tener en mente la guerra y no la batalla individual. Si logras manejar estos elementos serás un gran negociador y podrás conseguir que tus interlocutores sean siempre receptivos a tus argumentos y pedidos, obteniendo mejores resultados y haciéndote de una gran lista de contactos que te valoran por tu trato. Incluso, si mantenemos firme nuestra postura inicial de convencer al otro de manera inteligente, a veces descubriremos que en perder una batalla puede hallarse la forma de ganar la guerra, porque hay contactos que valen más por lo que representan o con quienes pueden conectarnos que por su poder de decisión directo.

El llevarse bien con las personas apropiadas es

también un uso del lenguaje no verbal y descubrir con qué tipo de personalidades tenemos mayor afinidad es otro, pero no podremos aprovechar estos beneficios si cerramos nuestro lenguaje corporal. Una expresión abierta a las posibilidades es imprescindible para que las mismas se presenten.

Manten La Calma

No importa si la discusión se torna frustrante, que sientas que tus objetivos se distancian y se vuelven inalcanzables, jamás pierdas la calma y mucho menos te enojes. El demostrar rabia o enojo hará que pierdas toda posibilidad de lograr tus objetivos porque estarás atacando al ego de tu interlocutor y él reaccionará en igual medida, cerrándose en su decisión y privándote de toda vía de negociación.

A veces cuando tenemos que conocer a alguien las circunstancias no son las ideales. Llueve el día de la entrevista, el entrevistador se demora y nos deja esperando cuando teníamos otro compromiso, no nos dan la totalidad de su atención al hablarlos, estas cosas también pueden producir ira y frustración, pero el demostrar estas emociones sólo harán que la persona a la que deseamos agradarnos nos descarte como interlocutores. No se trata de ser sumiso a las circunstancias y no demostrar carácter, pero la autoridad, la confianza y la seguridad no van de la mano del enojo o de la ira. Uno puede demostrar firmeza sin necesidad de recurrir a explosiones emocionales y manejarse con altura en situaciones donde nuestro interlocutor no lo hace, esto lo hará poner en evidencia e intentará mejorar su perfil mejorando su trato. Demostrar inestabilidad emocional es de las peores cosas que podemos hacer al construir primeras impresiones, si el otro no tiene el trato profesional que esperamos —o que nuestro ego cree que merecemos— entonces nosotros debemos demostrar el doble del profesionalismo. Los puentes se construyen de ambos márgenes del río y, siempre, el único lado sobre el que tenemos real control es sobre el margen del río sobre el que estamos ubicados.

Mira A Los Ojos Y Sonríe

Vuelvo sobre este punto porque es realmente importante. El bajar la mirada dará una impresión de inseguridad y el no sonreír de ser arisco y antisocial. Mientras, que el mirar a los ojos y tener una sonrisa sincera pero no exagerada ayudará a crear confianza y camaradería.

Este punto es algo que es más fácil para las personalidades medias y modelos, porque es natural para ellas el ser lo suficientemente extrovertidos como para encontrarse con la mirada del otro, mientras que para las personalidades reservadas puede ser todo un reto. Para las personalidades reservadas que encuentran difícil mirar a las otras personas a los ojos, un buen truco es fijar la vista en un punto imaginario a mitad de la frente del interlocutor. De esta manera, crearán la impresión de estar mirándolo a los ojos y de sostener la mirada del otro, sin la incomodidad que les genera el tener que fijar la vista en otros ojos.

No Levantar La Voz

En cualquier discusión el tono de la misma se construye de a dos, pero si uno de los integrantes cree que para ser escuchado tiene que gritar, denosta que sus argumentos carecen de fundamento.

El subir el volumen nunca hará que se escuche más lo que dices, por el contrario, prueba bajar el volumen para hacer que el interlocutor tenga que acercarse a una distancia más íntima. Eso lo relajará e influencia subconscientemente en la forma en que te percibe, permitiendo que tus argumentos sean más escuchados que al gritar.

No Proyectar Amenaza

Nunca hay que confundir seguridad con agresividad. La seguridad es cómo nos plantamos como individuos, la amenaza un deseo de avanzar por sobre el otro. Lo primero implica confianza en el manejo de nuestro territorio y espacio, y lo segundo puede manifestar todo lo contrario, porque quien amenaza a los otros, subconscientemente, se siente amenazado e inseguro. Esto se observa bien en los animales, muchos perros son etiquetados de agresivos cuando en realidad son inseguros y, como consideran todo un ataque, están siempre en posiciones de amenaza a los demás.

Para convencer y dar una primera buena impresión es necesario demostrar tranquilidad y seguridad, lo cual queda anulado al dar una imagen amenazante. La seguridad es confianza y las personas con confianza no necesitan avanzar por sobre los otros para probar sus puntos, están firmes y seguros en sus convicciones.

Obsérvate

Así como es importante leer al interlocutor, nunca pierdas de vista tu propio lenguaje corporal. Debes prestar atención a tu uso del espacio, posición de las extremidades inferiores y superiores e identificar tus expresiones faciales. Esto se hará más fácil con el tiempo, pero en una presentación es de gran importancia mandar el mensaje adecuado, lo mismo que en una discusión.

Recuerda que siempre estamos emitiendo mensajes no verbales, asegúrate de que los que estés mandando a tu interlocutor sean los apropiados para la situación y consecuentes con tus intenciones.

Vístete acorde

Especialmente en las primeras impresiones, la ropa forma parte de nuestra presentación. La frase "vístete vulgar y solo verán el vestido, vístete elegante y verán a la mujer" de Coco Chanel puede aplicarse a todo el mundo, porque si una persona va mal vestida o vestida de manera poco apropiada para las circunstancias, hace que los otros se fijen exclusivamente en la ropa, pero si va bien vestida y de manera apropiada, sus interlocutores se fijarán en su mensaje y su personalidad. La ropa y la postura corporal constituyen la primera impresión que damos ante los demás. Las mismas deben dar una idea general de lo que deseamos transmitir pero no la totalidad del mensaje, especialmente la vestimenta debe ser moderada para que se escuche nuestro mensaje y el interlocutor se sienta a gusto hablando con nosotros. Es recomendable evitar las modas extremas para las primeras impresiones y optar por prendas acordes al ambiente en el cual deseamos desenvolvernos.

Conclusiones

Durante los capítulos anteriores hicimos un recorrido por las diferentes implicancias del lenguaje no verbal y los diferentes tipos de atención que debemos prestar para poder entenderlo de una manera profunda. Desarrollamos de manera somera y práctica el conocimiento científico de la materia, buscando que logres asimilar información fáctica sin descuidar lo que dicen tus instintos y tus percepciones subjetivas. Vimos la importancia el lenguaje no verbal tiene en la comunicación y cómo es que siempre, sin importar las circunstancias, estamos siendo bombardeados por información no verbal y compartiendo información de nosotros mismos. La intención es que después de leer este libro puedas ser un emisor consciente de lo que compartes con los demás y un lector atento de la información que los otros comparten contigo, así lograrás rápidamente cambiar la forma en la que te relaciones y gozar de los beneficios sociales de iniciarte en ser un lingüista del cuerpo. ¡Los cambios en tu vida social serán abismales!

Además, desarrollamos los grandes tipos de personalidades existentes y cómo identificarlas; esto ayudará también a que puedas asentarte mejor en el mundo social, reconociendo cuándo una persona tiene mala predisposición para contigo y cuándo es parte de su personalidad. A su vez, este conocimiento te servirá para elegir mejor las personas con las que te rodeas. Está comprobado por estudios científicos que las personas que nos rodean influencian irremediablemente en nuestras metas, logros e interacciones, y ya lo decía el viejo refrán "dime con quién andas y te diré quién eres". Al seleccionar mejor los individuos con quienes deseamos interactuar estaremos construyendo un mejor presente y futuro, personas potentes y con personalidades modelo a tu alrededor te impulsarán a perfeccionarte y alcanzar metas más altas.

En esta línea, tuvimos un capítulo específico para identificar a los "monos con hoja de afeitar" que te puedas cruzar en tu camino, donde desarrollamos las señales de alerta que debes poder reconocer para identificar a una persona nociva y que te permitirán cultivar relaciones más sanas y beneficiosas. Descubrir a las personas nocivas que te rodean antes de que sea demasiado tarde te ahorrará energía y dolores de cabeza, permitiéndote focalizar mejor tus energías en el crecimiento personal y en cultivar círculos sociales sanos y estimulantes. Los entornos nos nutren o desgastan, por eso es importante cuidar las relaciones cercanas que mantenemos. Si buscas poder aprovechar al máximo tu potencial, es importante elegir correctamente las personas de tu entorno. A veces es imposible elegir —una madre, un jefe, un compañero de trabajo o de estudio, no son susceptibles de cambio—, pero lo más peligroso de este tipo de personas es cuando desconocemos su naturaleza y nos manejamos engañados con respecto a ellos. Estar alerta y saber con quién resguardar tus emociones y energías te ayudará a desarrollarte más eficientemente.

También hicimos un recorrido completo del cuerpo y sus significados de manera práctica y clara, dividiendo este conocimiento en diferentes secciones para facilitar la comprensión. Tuvimos un capítulo dedicado a los miembros superiores —manos, brazos, codos, palmas y las acciones más comunes a realizar con ellos—, otro dedicado a los miembros inferiores —donde vimos los diferentes significados de la postura de los pies, las rodillas y las formas de sentarse—, y también vimos los microgestos del rostro y la importancia de algunas expresiones faciales como facilitadoras sociales, además de las características a las que debemos estar atentos para reconocer la sinceridad en nuestros interlocutores.

También vimos la importancia del espacio, de su administración y uso, las diferentes formas de conducta táctil y los mensajes que se envían con y sin necesidad del tacto. Esto es de suma importancia para que puedas moverte en diferentes ambientes —familia, amistades, trabajo— de manera eficiente, porque, si bien es algo instintivo, es también una poderosa herramienta de influencia y de construcción de vínculos. Un toque dice tantas cosas como una mirada, una palma expuesta, una sonrisa o, incluso, un discurso verborrágico lleno de palabras. El lenguaje verbal transmite mucho más de lo que la mayoría de las personas se da cuenta, por eso su importancia.

Más adelante en el texto, nos detuvimos en los errores más comunes al interactuar con los otros —las cosas que hacemos sin darnos cuenta y arruinan la imagen que proyectamos—, también cómo ser una persona asertiva y despertar la asertividad en los otros a la hora de dar una primera impresión o discutir. Le dedicamos tiempo a este punto, porque el paso más importante para ganar cualquier discusión, es predisponer a favor a nuestro interlocutor. Una persona a la que le caemos bien estará más inclinada a concordar con nosotros o, al menos, a llegar a un punto medio que una persona a la que nuestra presencia le resulta chocante o molesta.

Esta información permitirá que modifiques tus relaciones y tu posicionamiento social, la lingüística del cuerpo genera un mayor entendimiento del mundo que nos rodea y nos vuelve más que simples usuarios de nuestro cuerpo, nos transforma en comunicadores atentos e inteligentes.

Deseo que con esta información puedas reconfigurar tu forma de comunicarte, que logres entender a las personas que te rodean y dejes de sentirte como un extranjero que no habla el idioma en su propia casa. Es un camino transformador pero lleno de beneficios a nivel afectivo, laboral y social. Las personas que triunfan lo hacen porque conocen su propio lenguaje corporal y saben leer los mensajes no verbales en los otros.

Sun Tzu, antiguo filósofo, estratega chino y autor de *El Arte de la Guerra*, decía que "las oportunidades se multiplican a medida que se aprovechan", y nada abre más oportunidades que el aprender un nuevo idioma ¡más si este es universal! No existe en el mundo un lenguaje más extendido que el no verbal, porque, como estuvimos viendo y salvando las diferencias culturales, es algo inherente a la especie humana. La lingüística corporal es una oportunidad de abrirse camino en el mundo, de ganar aliados y alcanzar nuevas posiciones.

Cuando empecé a introducirte en este mundo, te conté la anécdota de mi consultante que nunca conseguía quedar en las entrevistas laborales porque se tapaba la boca. Ella tomó muy en serio el trabajo sobre su propio lenguaje no verbal y el de los otros, y hoy, no solo trabaja en la empresa a la que quería entrar, sino que tiene un puesto de gerencia y siempre trabaja con los empleados a su cargo teniendo en cuenta los mensajes no verbales que ellos le dan. Dice que su mundo cambió y que fue como activar el sonido de una película que erróneamente creía que era de cine mudo. Los actores de su vida empezaron a tener diálogos y cambió por completo la complejidad del mundo que la rodea, pero también ¡ella comenzó a entenderlo y a moverse como pez en el agua! No deseo que vivas en una película sin sonido o sin color, cuando las relaciones interpersonales están llenas de sonidos, colores y matices dados por el lenguaje del cuerpo y los mensajes no verbales.

Todos tenemos el talento para entender el lenguaje no verbal, es instintivo, pero la vida en sociedad, la cultura, el continuo bombardeo de mensajes verbales y de palabras escritas, hacen que la mayoría de las personas tengan esos instintos adormecidos.

Este libro es una llamada a despertar, puedes dejarlo sonar como una alarma sin prestarle atención, puedes posponer la alarma infinidad de veces o puedes abrir los ojos. El filósofo Sun Tzu —a quien nombramos recientemente—, te compelería a tomar la oportunidad, ya que aprovechar una oportunidad es abrirle la puerta a muchas otras, pero la decisión es tuya y las posibilidades de lo que puedes lograr con este conocimiento infinitas.

Cuando descubrí mi propia fascinación por el lenguaje no verbal y empecé a estudiar el tema, a prepararme, formarme y después a asesorar y formar a otros, nunca creí que me llevaría tan lejos como escribir un libro, dar seminarios y ser invitada a dar conferencias fuera de mi país. Desconocía, hasta que estuve inmersa en este nuevo mundo, el poder transformador que tendría en mí y en las personas alrededor mío. Es posible rearmar una vida en cualquier punto que se encuentre y hay conocimientos transformadores que sacuden las bases de nuestras preconcepciones y nos abren los ojos a nuevos horizontes. Recuerda, la próxima vez que hables con alguien o te pongas a observar tu propia postura corporal, que todo camino empieza con un primer paso. No tiene que ser grande, pero ese paso tiene que tener la energía intrínseca latente para llevarnos muy lejos, y el adquirir un nuevo conocimiento siempre es un paso en la dirección correcta. La lingüística del cuerpo es un paso con el potencial de llevarte más lejos de lo que nunca imaginaste, es uno de esos conocimientos que cambiarán todo lo que creías conocer si le dedicas suficiente estudio y logras dominarla como el primer lenguaje que realmente es.

Antes de poner palabras en nuestras bocas, antes de formar oraciones gramaticalmente complejas y expresar nuestros sentimientos con sonidos que conforman fonemas. Mucho antes de que entendamos de conjugaciones verbales, tiempos verbales como el indicativo y el subjuntivo, y previo a que nos enseñen otras características propias del lenguaje verbal oral y escrito, todos hablamos un mismo lenguaje primigenio, instintivo y cuasi genético, uno conformado por instintos viscerales que siguen moviendo lo más profundo de nuestro ser como especie: las emociones y el cuerpo.

Esa unidad nos define como especie, porque

antes de tener cultura, de tener conocimiento escrito, de tener libros sobre cada tema imaginable bajo el sol, de dividir el conocimiento en secciones y volvernos cada uno especialista de una sola sección, olvidando la imagen global del intercambio social, y de perdernos como especie en nuestras diferencias idiomáticas y culturales, todos estábamos unidos por el cuerpo y sus mensajes y, rescatando ese conocimiento ancestral y primigenio, es que lograremos entender mejor a los demás y a nosotros mismos, mejorando así nuestra vida y la de los que nos rodean al poder ser comunicadores eficientes, dejar de rodearnos de personas nocivas y descubrir las mejores formas de agradar y convencer.

Bienvenido, te invito a observar el mundo que te rodea con los ojos abiertos, a crecer como emisor y receptor del lenguaje del cuerpo, a disfrutar de los beneficios que brinda el poder hablar el mismo idioma con las otras personas —aunque no todas sean conscientes de que lo hablan—, a no dejarte influenciar por lo que antes te pasaba desapercibido y a identificar la infinidad de mensajes no verbales que componen el tejido social en el que te has movido toda tu vida y que define nuestra existencia.

Un afectuoso saludo,

Leticia Caballero.

www.ingramcontent.com/pod-product-compliance
Lightning Source LLC
LaVergne TN
LVHW011000200726
843509LV00011B/932